AF752759

Die Erschöpfungsdogmatik bei parallelen Sach-, System- und Verfahrensansprüchen im Patentrecht

Europäische Hochschulschriften Recht

European University Studies in Law

Publications Universitaires Européennes de Droit

Band/ Volume **6120**

Christina Kesting

Die Erschöpfungsdogmatik bei parallelen Sach-, System- und Verfahrensansprüchen im Patentrecht

Mögliche Lösungen zur Unterbindung der Doppelverwertungsmöglichkeit bei Anwendung des Erschöpfungsgrundsatzes

PETER LANG

Bibliografische Information der Deutschen Nationalbibliothek
Die Deutsche Nationalbibliothek verzeichnet diese Publikation in der Deutschen Nationalbibliografie; detaillierte bibliografische Daten sind im Internet über http://dnb.d-nb.de abrufbar.

Zugl.: Augsburg, Univ., Diss., 2018

D 384
ISSN 0531-7312
ISBN 978-3-631-79197-4 (Print)
E-ISBN 978-3-631-80329-5 (E-PDF)
E-ISBN 978-3-631-80330-1 (EPUB)
E-ISBN 978-3-631-80331-8 (MOBI)
DOI 10.3726/b16198

© Peter Lang GmbH
Internationaler Verlag der Wissenschaften
Berlin 2019
Alle Rechte vorbehalten.
Peter Lang – Berlin · Bern · Bruxelles · New York · Oxford · Warszawa · Wien

Das Werk einschließlich aller seiner Teile ist urheberrechtlich geschützt.
Jede Verwertung außerhalb der engen Grenzen des Urheberrechtsgesetzes ist ohne Zustimmung des Verlages unzulässig und strafbar.
Das gilt insbesondere für Vervielfältigungen, Übersetzungen, Mikroverfilmungen und die Einspeicherung und Verarbeitung in elektronischen Systemen.

Diese Publikation wurde begutachtet.

www.peterlang.com

Vorwort und Danksagung

Die vorliegende Arbeit wurde im Frühjahr 2018 vom Fachbereich Rechtswissenschaft der Universität Augsburg als Dissertation angenommen. Gesetzgebung, Rechtsprechung und Literatur konnten bis Januar 2018 berücksichtigt werden. Herzlicher Dank gebührt zunächst meinem Doktorvater, Herrn Prof. Dr. Christoph Ann, für die Betreuung meines Promotionsvorhabens.

Diese Arbeit wäre ohne die großartige Unterstützung meiner Familie nicht möglich gewesen. Meine Eltern haben mich bei meinem Promotionsvorhaben und während meines gesamten Studiums mit viel Geduld und Großzügigkeit immer sehr unterstützt. Hierfür gebührt ihnen mein größter Dank. Insbesondere möchte ich meinem Vater, *Joachim Kesting*, für die unermüdliche Hilfe bei der Erstellung der Dissertation danken, ohne seine Korrekturanmerkungen und Hilfestellungen wäre die Arbeit so nicht möglich gewesen. Ebenso möchte ich meiner Mutter, *Angelika Kesting*, für die vielen liebevollen Gespräche, die durchgehende Motivation und Unterstützung sehr danken.

Ein ganz besonderer Dank gilt meinen geliebten Großeltern, *Anni* und *Günter Gau*. Wie schon mein ganzes Leben standen sie mir auch bei diesem Vorhaben immer zur Seite und haben meine Dissertation vom ersten Tag an von ganzem Herzen unterstützt. Sie haben mir immer wieder die Motivation gegeben, um diese Arbeit erfolgreich abzuschließen.

Ebenso gilt mein großer Dank *Michael Achtert*, der durch seine Anregungen und Kritik einen wertvollen Beitrag zu dieser Arbeit geliefert hat und mich in den eineinhalb Jahren meiner Promotionszeit durchgehend motiviert und immer in allen Lebenslagen mit viel Geduld liebevoll unterstützt hat.

Gesamtübersicht

Inhalt

A. Zielsetzung und Aufbau der Arbeit

In dieser Arbeit wird die Erschöpfungsdogmatik, ein Teilbereich des Patentrechts, untersucht. Hierunter versteht man, kurz zusammengefasst, die an das erste Inverkehrbringen anknüpfende Begrenzung der durch das Patent gewährten Exklusivrechte eines Patentinhabers.

Ziel dieser Arbeit ist die Behandlung und Lösung zwei verschiedener Fallkonstellationen. In beiden Konstellationen eröffnet die Anwendung des Erschöpfungsgrundsatzes in seiner bisherigen Fassung dem Patentinhaber die Möglichkeit sein Patent zweifach zu verwerten.

Diese Arbeit stellt sich deshalb die Frage, ob diese Doppelverwertungsmöglichkeit mit den Grundsätzen des Patentrechts im Einklang steht und wenn nicht, welche dogmatischen Möglichkeiten bestehen, um die Doppelverwertungsmöglichkeit zu unterbinden und ein sachgerechtes Ergebnis zu erzielen.

Zur Behandlung dieser Themenstellung gliedert sich die Arbeit in sechs Kapitel:

1. Im ersten Teil (*Kapitel B*) wird in die Grundlagen, auf denen diese Arbeit aufbaut, eingeführt. Es werden die Grundsätze des Patentrechts sowie die dem Patentschutz zugrunde liegende Interessenlage dargestellt.
2. Hiernach wird im zweiten Kapitel (*Kapitel C*) die derzeit vorherrschende Erschöpfungsdogmatik im Patentrecht erläutert. Es wird dargelegt, welche Aufgabe der Erschöpfungsgrundsatz im Patentrechtssystem wahrnimmt und welche Voraussetzungen zum Eintritt der Erschöpfung vorliegen müssen.
3. Im dritten Kapitel (*Kapitel D*) wird die Problemstellung dieser Dissertation detailliert aufgezeigt: die Grenzfragen der Erschöpfungsdogmatik in den Fällen paralleler patentrechtlicher Sach- und Systemansprüche sowie paralleler Sach- und Verfahrensansprüche.
4. Zunächst wird im vierten Kapitel (*Kapitel E*) der Fall der parallelen Sach- und Systemansprüche untersucht. Dieser Problemfall wird erforscht und es werden Parallelen zur Teillieferung im Patentrecht gezogen. Es folgt die Darlegung und kritische Begutachtung verschiedener in Literatur und Rechtsprechung diskutierter Lösungsansätze. Zur Veranschaulichung wird der jeweilige Ansatz anhand eines Beispielpatents mit parallelen Sach- und Systemansprüchen praktisch angewandt. Zusätzlich werden eigene Lösungsmöglichkeiten entwickelt. Schließlich erfolgt eine Gegenüberstellung der verschiedenen dargestellten Ansätze mit Abwägung, welcher Ansatz zur Lösung der Problemstellung zu bevorzugen ist.

5. Das fünfte Kapitel (*Kapitel F*) widmet sich der Problemstellung bei parallelen Sach- und Verfahrensansprüchen. Sowohl die Parallelen als auch die Besonderheiten im Vergleich zu der Problematik bei parallelen Sach- und Systemansprüchen werden dargestellt und verschiedene Lösungsansätze diskutiert und kritisch bewertet. Schließlich werden eigene Ansätze entwickelt und in einem Schlussteil den anderen Theorien gegenübergestellt.
6. Zur Einordnung der verschiedenen Lösungsansätze in einen internationalen Kontext wird sodann (*im Kapitel G*) die Behandlung dieser Problemfälle im Rechtssystem der Vereinigten Staaten von Amerika (im Folgenden „USA") untersucht. Drei einschlägige höchstrichterliche Gerichtsentscheidungen aus den USA werden erläutert und kritisch bewertet sowie auf ihre Übertragbarkeit auf das deutsche Rechtssystem untersucht.

In einem abschließenden Gesamtfazit werden (*im Kapitel H*) die Ergebnisse dieser Arbeit zusammengefasst und erläutert, welche Ansicht zur Lösung der beiden Problemfälle in dieser Arbeit bevorzugt und vertreten wird.

B. Die Grundlagen des Patentrechts

I. Einführung in das Geistige Eigentum

Zunächst soll das Patentrecht in gebotener Kürze in dem deutschen Rechtssystem verortet und die Grundzüge des Rechtsgebietes des Geistigen Eigentums dargestellt werden.

Das Patentrecht wird im deutschen Rechtssystem dem Bereich des Geistigen Eigentums zugeordnet. Das Patentrecht ist ein Teilbereich der gewerblichen Schutzrechte. Diese wiederum bilden eine Unterkategorie des Geistigen Eigentums. Zu den gewerblichen Schutzrechten zählen neben dem Patentrecht das Markenrecht und das Geschmacksmuster- sowie Designrecht. Den gewerblichen Schutzrechten ist gemein, dass ihre gewerbliche Verwendung im Vordergrund steht. So ist beispielsweise Voraussetzung für eine Patenterteilung, dass die Erfindung, für die ein Patent erteilt werden soll, gewerblich anwendbar ist. Ebenfalls zum Geistigen Eigentum gehört das Urheberrecht, welches aufgrund seiner persönlichen und schöpferischen Komponente nicht zu den gewerblichen Schutzrechten gezählt wird.

Das Geistige Eigentum stellt das Gegenstück zum Sacheigentum dar. Während das Sacheigentum dem Eigentümer ein Ausschließlichkeitsrecht an einem körperlichen Gegenstand gibt, verleihen die Geistigen Eigentumsrechte dem Inhaber ein ausschließliches Recht an einem immateriellen Gut. Beispiele für Geistiges Eigentum sind Werke der Kunst oder Erfindungen. Durch das Geistige Eigentum wird nicht der Gegenstand selbst – das Bild oder die Maschine – geschützt, sondern die zugrunde liegende Idee.

Der Schutzgegenstand des Geistigen Eigentums ist folglich ein „unkörperliches Gut"[1], er ist – im Gegensatz zum Sacheigentum – immateriell. Aus dieser Besonderheit ergibt sich das Problem der sogenannten „Trittbrettfahrer": Das Geistige Eigentum, beispielsweise das Lied eines Musikers, kann beliebig oft und überall auf der Welt reproduziert werden, ohne dass es sich verschlechtert. Sobald das Lied an die Öffentlichkeit gelangt ist, können Dritte es ohne Qualitätsverlust aufzeichnen, vervielfältigen und verbreiten, während das „Original" beim Urheber verbleibt. Dieser kann aus seinem Original jedoch keinen Gewinn mehr generieren, wenn Kopien des Liedes bereits preisgünstig oder kostenlos verbreitet wurden.

---

1 Kraßer/Ann, Patentrecht, § 1, Rn. 19.

Dieses Problem ergibt sich bei Sacheigentum nicht. Der Gegenstand des Sacheigentums, beispielsweise ein Auto, ist materiell. Das Auto kann nicht ohne Aufwand kopiert werden, es gibt dieses konkrete Auto lediglich einmal. Deshalb kann es nicht zeitgleich von einer unbestimmten Anzahl von Menschen genutzt werden. Dasselbe Lied kann jedoch sowohl von einem Musikliebhaber beispielsweise in Deutschland als auch zeitgleich in Japan und Argentinien gehört werden. Ebenso kann eine Erfindung, wenn sie einmal bekannt ist, von Konkurrenten des Erfinders nachgebaut und verkauft werden. Die Idee oder Erfindung kann mühelos kopiert werden. Auch eine Marke kann technisch problemlos von anderen Unternehmen vervielfältigt und auf den eigenen Produkten angebracht werden.

Damit würde der Gegenstand des Geistigen Eigentums umgehend seinen Wert verlieren, sobald er auf dem Markt ist. Das Lied würde kostenlos in Tauschbörsen kopiert werden, die Marke könnte von jedermann genutzt werden und verlöre ihre Unterscheidungsfunktion, die Erfindung würde von der Konkurrenz einfach nachgebaut werden. Folglich ist ein besonderer Schutz nötig, um diesen Wertverlust zu verhindern und den Wert für den Schöpfer oder Erfinder des Geistigen Eigentums zu erhalten.

Hier greifen die besonderen Schutzvorschriften des Geistigen Eigentums. Durch das Patentrecht, Urheberrecht, Markenrecht und weitere Gesetze werden die immateriellen Schutzgüter gegen unerlaubte Vervielfältigung und Verbreitung geschützt. Man spricht von den Immaterialgüterrechten.

II. Einführung in das Patentrecht

Im Folgenden wird ein kurzer Überblick über den Gegenstand des Patentschutzes, die Voraussetzungen einer Patenterteilung sowie die dogmatische Begründung der Gewährung des Patentrechts gegeben. Auf diesen Grundlagen werden dann die Problemstellungen sowie die Lösungsansätze diskutiert.

1. Historische Einordnung

In Deutschland ist der Patentschutz im Patentgesetz (im Folgenden „PatG“) geregelt. Das erste Patentgesetz trat im Jahr 1877 in Kraft. Die letzte vollständige Neufassung erfolgte 1981, seitdem wird das Patentgesetz stetig angepasst.

2. Das Patent

Ein Patent ist ein hoheitlich erteiltes gewerbliches Schutzrecht. Es entsteht durch einen öffentlich-rechtlichen Erteilungsakt in Form eines Verwaltungsaktes.[2] Dieser erfolgt auf Antrag (die Anmeldung) bei dem Deutschen Patent- und Markenamt (im Folgenden „DPMA").[3] Erst durch den Erteilungsakt wird das Patentrecht begründet.[4] Zuvor stehen dem Erfinder lediglich die sachlichen Rechte an der Erfindung als körperlichem Gegenstand zu.[5] Hierzu gehören insbesondere die Eigentumsrechte an dem Gegenstand der Erfindung.

Durch die Patenterteilung werden dem Patentinhaber verschiedene Rechte an der Erfindung verliehen. Diese Rechte sind in § 9 PatG gesetzlich normiert: Er erhält ein gegenüber jedermann wirkendes Recht, die Benutzung seiner Erfindung zu untersagen. Dieses Verbietungsrecht wird als Ausschließlichkeitsrecht oder Ausschlussrecht bezeichnet.[6] Das erteilte Recht an dem Patent stellt sich somit als negatives Verbietungsrecht dar. Darüber hinaus darf allein der Patentinhaber die Erfindung benutzen, er hat das positive Benutzungsrecht. Der Umfang seines Rechts wird durch den Schutzbereich des Patents abgesteckt. Dieser ergibt sich gemäß § 14 PatG aus den in der Patentschrift niedergelegten Patentansprüchen.

3. Voraussetzungen der Patenterteilung

Die Erteilung eines Patentes ist an strenge Voraussetzungen geknüpft: Ein Patent wird nach § 1 Abs. 1 PatG für eine neue Erfindung auf dem Gebiet der Technik erteilt. Die Erfindung muss auf erfinderischer Tätigkeit beruhen und gewerblich anwendbar sein. Zwischen Erfindungen und Entdeckungen muss differenziert werden, denn im Gegensatz zu Erfindungen können Entdeckungen nicht patentiert werden, dies ergibt sich aus dem ausdrücklichen Ausschluss in § 1 Abs. 3 Nr. 1 PatG. Eine Entdeckung wird als das „Auffinden oder Erkennen bisher unbekannter, aber objektiv in der Natur schon vorhandener Gesetzmäßigkeiten, Wirkungszusammenhänge, Eigenschaften oder Erscheinungen"[7] verstanden. Der Ausschluss der Patentierbarkeit von Entdeckungen wird mit der Gefahr

---

2 BGH, GRUR 74, 146, 147 – Schraubennahtrohr; BGH, GRUR 99, 571, 572 – Künstliche Atmosphäre; König, GRUR 99, 809, 810.

3 Kraßer/Ann, Patentrecht, § 1, Rn. 1.

4 Benkard-Bacher, Patentgesetz, § 1, Rn. 2a.

5 Benkard-Bacher, Patentgesetz, § 1, Rn. 2a.

6 Kraßer/Ann, Patentrecht, § 1, Rn. 23.

7 Kraßer/Ann, Patentrecht, § 11, Rn. 12.

begründet, dass der Schutzbereich eines solchen Patents zur Monopolisierung grundlegender Prozesse oder Wirkungsweisen in der Natur führen würde. Ein Patentinhaber könnte sonst beispielsweise ganze Bereiche der Chemie oder Biologie für sich monopolisieren.

Demgegenüber definiert die Rechtsprechung sowie herrschende Meinung in der Literatur eine Erfindung als eine technische Lehre zum planmäßigen Handeln, die einen kausal übersehbaren Erfolg unter Einsatz beherrschbarer Naturkräfte ohne Zwischenschaltung verstandesmäßiger Tätigkeiten reproduzierbar herbeiführt.[8]

Diese Definition lässt sich in verschiedene Merkmale aufschlüsseln:

Es muss eine Lehre zum planmäßigen Handeln vorliegen. Ein Handeln ist planmäßig, wenn es gewissen Gesetzmäßigkeiten und Regelmäßigkeiten unterliegt.[9] Das bedeutet, dass das dargestellte Handeln wiederholbar sein muss. Eine Wiederholung ist nur möglich, wenn die Lehre derart durch den Erfinder beschrieben wird, dass sie einen Plan für ein technisches Handeln darstellt.[10]

Die Erfindung muss eine gewisse Erfindungshöhe aufweisen, eine erfinderische Tätigkeit. Nach § 4 PatG ist die notwendige Erfindungshöhe erreicht, wenn sich die Erfindung „für den Fachmann nicht in naheliegender Weise aus dem Stand der Technik ergibt."[11] Dem Stand der Technik muss also etwas Neues hinzugefügt werden, er muss erweitert werden. Es handelt sich um ein rein objektives Kriterium, inwiefern für den Erfinder subjektiv eine besondere erfinderische Leistung notwendig war, ist irrelevant.

4. Schutzdauer

Die Dauer des Patentschutzes ist in § 16 PatG geregelt. Hiernach besteht der Patentschutz für 20 Jahre, gerechnet ab dem Tag, der auf die Anmeldung der Erfindung folgt. Der kontinuierliche Schutz ist jedoch von der Entrichtung steigender Jahresgebühren abhängig.[12] Für Arzneimittel und Pflanzenschutzmittel besteht die Möglichkeit auf Antrag die Schutzdauer um bis zu fünf Jahre zu verlängern. Hierzu beantragt der Patentinhaber ein sogenanntes ergänzendes Schutzzertifikat.

---

8 Grundsatzentscheidung hierzu: BGH, GRUR 1969, 672 ff. – Rote Taube; Kraßer/Ann, Patentrecht, § 1, Rn. 15.

9 Osterrieth, Patentrecht, Rn. 334.

10 Osterrieth, Patentrecht, Rn. 334.

11 § 4 PatG.

12 Kraßer/Ann, Patentrecht, § 1, Rn. 9.

5. Schutzbereich

a. Sachlicher Schutzbereich und Äquivalenz

Gemäß § 14 PatG wird der sachliche Schutzbereich eines Patents durch die Patentansprüche bestimmt. Der Patentanmelder formuliert die Patentansprüche in seiner Patentanmeldung, die er beim DPMA einreicht. Die Anmeldung soll enthalten, was als patentfähig unter Schutz gestellt werden soll, § 34 Abs. 3 Nr. 3 PatG. Hierdurch obliegt dem Patentanmelder die Verantwortung, den sachlichen Schutzbereich seines künftigen Patents zu formulieren.[13]

Fasst der Patentanmelder den Schutzbereich zu weit, wird die Patentanmeldung von dem DPMA zurückgewiesen. Fasst der Patentanmelder den Schutzbereich jedoch zu eng, bietet ihm das Patent nicht genügend Schutz gegen Nachahmungen der Erfindung durch Konkurrenten. Diese können durch Abwandlungen der Erfindung den Schutzbereich umgehen. Der von den Konkurrenten vertriebene Gegenstand fällt dann nicht mehr unter den Wortlaut des Patentanspruchs und unterliegt deshalb nicht dem Verbietungsrecht des Patentinhabers.

In diesem Spannungsfeld ist es für den Patentanmelder kaum möglich, alle zukünftigen Fragen und potentielle Verletzungshandlungen vorherzusehen und die Patentansprüche entsprechend zu formulieren.[14] Deshalb hat der Bundesgerichtshof entschieden, dass ein Gegenstand nicht schon deshalb außerhalb des Schutzbereichs des Patents liegt, weil er nicht dem Wortlaut der Patentansprüche entspricht, eine äquivalente, gleichwertige Umsetzung kann ebenfalls den Schutzbereich des Patents berühren und von dem Patentinhaber verboten werden.[15] Hierdurch soll es möglichen Konkurrenten erschwert werden, das Patent zu umgehen und ein vergleichbares, an die patentierte Erfindung angelehntes Produkt zu vertreiben.

b. Räumlicher Schutzbereich

Der räumliche Schutzbereich eines deutschen Patents erstreckt sich auf das Staatsgebiet der Bundesrepublik Deutschland.[16]

---

13 Benkard-Scharen, Patentgesetz, § 14, Rn. 8.
14 BGH, BGHZ 116, 122, 132 – Heliumeinspeisung.
15 BGH, BGHZ 98, 12 – Formstein.
16 Kraßer/Ann, Patentrecht, § 1, Rn. 11.

6. Europäisches Patentübereinkommen und Patentzusammenarbeitsvertrag

Ein deutsches Patent wird nicht nur bei inländischen Patentanmeldungen erteilt. Die Bundesrepublik Deutschland ist Vertragsstaat des Europäischen Patentübereinkommens („EPÜ“) sowie des Patentzusammenarbeitsvertrages („PCT“). Deshalb können auf dem Gebiet der Bundesrepublik auch aufgrund einer Anmeldung nach dem EPÜ oder PCT Patente erteilt werden. Die Anmeldungen nach den beiden Verträgen folgen unterschiedlichen Verfahren. Im Ergebnis erhält der Patentanmelder jedoch ein deutsches Patent, als ob er den Antrag auf Patenterteilung in Deutschland gestellt hätte. Das bedeutet, dass auch bei Anmeldungen und Patenterteilungen nach diesem Verfahren im Ergebnis die deutschen Patentvorschriften Anwendung finden. Somit gilt die Erschöpfungsdogmatik und damit die Problemstellung dieser Arbeit auch für Patente, die nach dem EPÜ oder PCT erteilt wurden.

III. Begründung des Patentrechts

Durch die Erteilung eines Patents erhält der Inhaber für einen gewissen Zeitraum ein Ausschlussrecht an dem patentierten Gegenstand.[17] Die staatliche Gewährung dieses Ausschließlichkeitsrechts ist begründungsbedürftig, denn das Patent verschafft dem Inhaber ein Monopol auf die Herstellung und den Vertrieb der Erfindung. Das greift maßgeblich in den freien Warenverkehr und die Wirtschaft ein und verschafft dem Inhaber des Ausschließlichkeitsrechts einen immensen Vorteil gegenüber seiner Konkurrenz. Eine Monopolbildung wird gewöhnlich als kontraproduktiv zu einer funktionierenden Wirtschaft eingestuft, ein ganzes Rechtsgebiet – das Kartellrecht – befasst sich mit der Vermeidung und der Ahndung von Monopolen.[18] Folglich bedarf es überzeugender Argumente, um die Monopolgewährung zugunsten des Erfinders zu rechtfertigen.

Das Patentrecht stützt sich auf verschiedene – sich teils überschneidende und nebeneinander Geltung beanspruchende – Begründungen.

1. Belohnungstheorie

Das Patentrecht wird unter anderem mit der sogenannten Belohnungstheorie begründet. Diese stützt die Gewährung des Monopolrechts maßgeblich auf die

---

17 Fitzner-Einsele, Patentrechtskommentar, vor § 1 Rn. 4.

18 Loewenheim-Meessen/Kersting, Kartellrecht, Einführung, Rn. 11; Immenga/Mestmäcker-Fuchs/Möschel, Wettbewerbsrecht, § 18, Rn. 5 und 6.

Annahme, dass der Erfinder durch seine schöpferische Leistung zum Gesamtwissen der Wissenschaft beiträgt. Durch seine Erfindung hat er einen Beitrag zum Wissen der Allgemeinheit geleistet, für diesen Dienst soll er in Form eines zeitlich begrenzten Ausschlussrechts entlohnt werden.[19] Das Patent ist somit ein Gegenwert für die Mehrung des Wissens durch den Erfinder und eine Belohnung für seine persönliche schöpferische Leistung, die sich in der Erfindung niederschlägt.[20] Diese Theorie wird auch auf europäischer Ebene vertreten, beispielsweise durch den Europäischen Gerichtshof in seiner Entscheidung Modurektik:

> *„[...] der Inhaber zum Ausgleich für seine schöpferische Erfindungstätigkeit das ausschließliche Recht erlangt [...]“.*[21]

2. Offenbarungs- und Vertragstheorie

Die Offenbarungs- und Vertragstheorie fußt auf einem ähnlichen Gedanken. Um den positiven Effekt der Wissensoffenbarung durch den Erfinder zu erhalten, müsse man diesem im Gegenzug ein Ausschlussrecht zugestehen.[22] Sonst würde der Erfinder sein Wissen geheim halten, um sicherzustellen, dass niemand sein Wissen ohne seine Zustimmung gewinnbringend verwertet.[23] Das Ausschlussrecht stelle sich als Gegenleistung für den Geheimhaltungsverzicht des Erfinders dar,[24] vergleichbar mit einem vertraglichen Austauschgeschäft. Ausdruck hat diese Theorie bereits in der Bezeichnung „Patent“ gefunden: Der Begriff leitet sich von dem lateinischen Wort „patents“ ab, welches mit „offen, frei“ übersetzt wird.

3. Ansporntheorie

Die Ansporntheorie zielt ebenfalls auf die Mehrung des Wissens der Allgemeinheit ab. Durch die Gewährung des Ausschlussrechts soll die Forschung angespornt werden.[25] Der Erfinder soll die Möglichkeit erhalten, seine Ausgaben

---

19 BGH, GRUR 1969, 534, 535 – Skistiefelverschluss; BGHZ 45, 102, 108 – Appetitzügler; BGH, GRUR 1987, 231 ff. – Tollwutvirus; BGH GRUR 1996, 109, 114 – Klinische Versuche I.

20 Benkard-Rogge/Melullis, Patentgesetz, Einleitung, Rn. 3.

21 EuGH, GRUR Int. 1982, 47, 48, 51 – Modurektik.

22 Benkard-Rogge/Melullis, Patentgesetz, Einleitung, Rn. 1.

23 Fitzner-Einsele, Patentrechtskommentar, vor § 1 Rn. 9.

24 Keukenschrijver/Busse-Keukenschrijver, Patentgesetz, Einleitung Rn. 62.

25 Fitzner-Einsele, Patentrechtskommentar, vor § 1 Rn. 8; Benkard-Rogge/Melullis, Patentgesetz, Einleitung, Rn. 1. Dieser Gedanke findet sich ebenso in den USA und

im Rahmen der Forschung und Entwicklung durch einen exklusiven Vertrieb der Erfindung zu amortisieren. Durch das Patent wird dem Patentinhaber ein zeitweises Monopol gewährt. Er kann den Wettbewerb durch konkurrierende Marktteilnehmer für diesen Zeitraum verhindern.

Dies gibt ihm die Gelegenheit einen höheren Preis zu verlangen und den gesamten mit der Erfindung zu generierenden Gewinn auf dem Markt zu erhalten. Hierdurch soll er seine teils immensen Forschungs- sowie Entwicklungsausgaben kompensieren.[26] Das Forschen soll sich gleichsam für den Erfinder „lohnen". Über die Kompensation seiner Ausgaben hinaus erhält er die Möglichkeit, einen angemessenen Profit zu erwirtschaften, den er im freien Wettbewerb nicht erhalten hätte.

Dieser Argumentation liegt das ökonomische Problem des sogenannten Marktversagens zugrunde.[27] Ohne Gewährung eines Ausschließlichkeitsrechts liegt der soziale Nutzen einer Erfindung oftmals weit über dem privaten Nutzen. Wenn dem Erfinder lediglich die schwachen Eigentumsrechte an dem Gegenstand seiner Erfindung zugestanden werden, lohnt sich die Investition in Forschung und Entwicklung zumeist nicht. Der Erfinder oder das investierende Unternehmen könnten dann nicht verhindern, dass andere Unternehmen die Erfindung kaufen, analysieren und nachbauen, wenn die Erfindung einmal auf den Markt gebracht wurde. Unternehmen werden jedoch nicht in Innovationen investieren, wenn sie Gefahr laufen, in eine Entwicklung zu investieren, die dann von ihren Konkurrenten ebenfalls genutzt wird. Dann wäre das entwickelnde Unternehmen alleinig mit den Kosten belastet, während die Konkurrenten an der Idee der Erfindung kostenlos teilhaben könnten. Die Grundregeln der freien Marktwirtschaft würden folglich in diesem Falle nicht zu einem wünschenswerten Ergebnis führen – „versagen" – und müssen durch ein Monopolrecht zugunsten des Patentinhabers abgeändert werden.

---

ist sogar in der Constitution niedergelegt – U.S. Constitution Article I, Section 8, Clause 8.

26 Benkard-Rogge/Melullis, Patentgesetz, Einleitung, Rn. 1; BGH, GRUR 69, 534, 535 – Skistiefelverschluss; für den investitionsintensiven Arzneimittelsektor siehe auch MITTEILUNG DER KOMMISSION Zusammenfassung des Berichts über die Untersuchung des Arzneimittelsektors, abrufbar unter http://ec.europa.eu/competition/sectors/pharmaceuticals/inquiry/communication_de.pdf (abgerufen am 28.12.2017).

27 Klippel/Ohly-Ohly, Geistiges Eigentum, S. 3.

4. Eigentumstheorie

Die Eigentumstheorie[28] zur Begründung des Patentrechts stellt demgegenüber auf die Persönlichkeit des Schöpfers ab. Sie würdigt das in der Erfindung enthaltende Erfinderpersönlichkeitsrecht.[29] Die Erfindung sei eine geistige Schöpfung des Erfinders, zwischen dem Erfinder und der Erfindung bestehe eine besondere Beziehung. Deshalb müsse das Recht des Erfinders an seiner Erfindung dem Sacheigentum gleichgestellt werden. Eine Gleichstellung in den Rechtswirkungen sei durch ein dem Sacheigentum vergleichbaren Ausschlussrecht[30] zu erreichen.[31] Die patentierte Erfindung fällt deshalb auch unter die Eigentumsgarantie des Grundgesetzes.[32] Das Bundesverfassungsgericht bezeichnet das Patentrecht in seiner Rechtsprechung als das „technische Urheberrecht" des Erfinders, die fertige, noch nicht patentierte Erfindung fällt nach überwiegender Meinung bereits unter den Eigentumsschutz des Art. 14 GG,[33] bevor ein Patent angemeldet und erteilt wurde.

---

28 Benkard-Bacher, Patentgesetz, § 1, Rn. 2c.

29 Benkard-Bacher, Patentgesetz, § 1, Rn. 2a.

30 Kraßer/Ann, Patentrecht, § 1, Rn. 23.

31 Kraßer/Ann, Patentrecht, § 1, Rn. 23 § 2, Rn. 7; EPA GRUR Int. 1995, 978, 980 ff. – Pflanzenzellen.

32 Keukenschrijver/Busse-Keukenschrijver, Patentgesetz, Einleitung Rn. 50.

33 BVerfG, 36, 281, 290 f. = GRUR 1974, 142 – Offenlegung von Patent-Altanmeldungen; BVerfG – Nichtannahmebeschluss – NJW 1998, 3704 Vergütungsanspruch wegen Arbeitnehmererfindung; BVerfG – Nichtannahmebeschluss – GRUR 2001, 43 – Anwendung eines patentierten Arzneimittels zu Versuchszwecken; BGHZ 82, 13 = GRUR 1982, 95 – pneumatische Einrichtung; BGH X ZR 104/09 – Vergütung einer Diensterfindung bei konzerninternen Abgabepreisen.

C. Die Grundlagen der Erschöpfung

Im Folgenden wird ein einleitender Überblick über die Grundlagen der Erschöpfung und der Einordnung in das soeben dargestellte Patentrecht gegeben. Der Erschöpfungsgrundsatz ist ein wichtiger Teil der patentrechtlichen Dogmatik, denn er setzt dem Monopolrecht des Patentinhabers Grenzen. Aus diesem Grund ist die Frage der Erschöpfung oftmals zentraler Prüfungspunkt bei der Frage, ob ein Patent verletzt wurde.

Der Erschöpfungsgrundsatz ist im deutschen Patentrecht seit Langem gewohnheitsrechtlich anerkannt, jedoch bis heute nicht kodifiziert worden.[34] Er ist in vielen weiteren Jurisdiktionen der Welt verbreitet, beispielsweise in den USA[35] unter der Bezeichnung „first sale doctrine" oder „exhaustion doctrine".

Es handelt sich um eine Rechtsregel, die neben dem Patentrecht auch bei den weiteren gewerblichen Schutzrechten sowie im Urheberrecht Anwendung findet und in anderen Rechtsgebieten teils auch kodifiziert wurde (vergleiche beispielsweise § 24 MarkenG, § 10b SortenschutzG, § 17 Abs. 2 UrhG).

I. Der Inhalt des Erschöpfungsgrundsatzes

1. Grundsatz

Der Erschöpfungsgrundsatz besagt, dass der Patentrechtsinhaber sein Patent nicht mehr durchsetzen kann, wenn er oder – mit seiner Zustimmung – ein Dritter den Patentgegenstand (die Erfindung) in den Verkehr gebracht hat.[36] Das Schutzrecht und damit insbesondere das Verbietungsrecht an dem konkreten Gegenstand erschöpft sich folglich mit dem ersten willentlichen Inverkehrbringen,[37] denn das Ausschlussrecht gewährt dem Patentinhaber

---

34 Fitzner/Lutz/Bodewig-Bodewig, Patentrechtskommentar, Einleitung, Rn. 91; Busse/Keukenschrijver-Keukenschrijver, Patentgesetz, § 9, Rn. 142.

35 Adams v Burke 84 US (17 Wall) 453 Sup Ct, 1873; Supreme Court of the United States, Quanta Computer, Inc. vs. LG Electronics, Inc. In 553 U.S. __ (2008).

36 Ilzhöfer, Patentrecht, Rn. 462; Osterrieth, Patentrecht, Rn. 657; 2; Mes, Patentrecht, § 9, Rn. 75; BGH GRUR 2001, 223 – Bodenwaschanlage; BGH GRUR 1997, 116 – Prospekthalter; OLG Düsseldorf, NJOZ 2010, 1781, 1785 – interframe dropping; LG Düsseldorf, InstGE 7, 70, 89 f. – Videosignal Codierung I.

37 Osterrieth, Patentrecht, Rn. 657.

kein Recht, nach dem Verkauf des Gegenstandes den weiteren Vertriebsweg vorzugeben.[38]

Unter „Inverkehrbringen“ versteht man

> *„jedwede Tätigkeit, durch die der Eintritt des patentierten Erzeugnisses in den Handelsverkehr, der Umsatz- und Veräußerungsgeschäfte zum Gegenstand hat, tatsächlich bewirkt wird, indem das patentierte Erzeugnis unter Begebung der eigenen Verfügungsgewalt, tatsächlich in die Verfügungsgewalt einer anderen Person übergeht.“*[39]

Die Wirkung der Erschöpfung erstreckt sich nur auf den konkreten in Verkehr gebrachten Patentgegenstand.[40] Nur der betreffende Gegenstand wird durch die Erschöpfung gemeinfrei,[41] man spricht von der Objektbezogenheit der Erschöpfung. Das bedeutet, dass der konkrete Gegenstand von jedermann im Inland frei benutzt und weiterverkauft werden kann.[42] Das Patent bleibt unverändert bestehen; dem Patentinhaber bleibt sein Ausschlussrecht in Bezug auf alle weiteren schon hergestellten oder noch herzustellenden patentierten Gegenstände erhalten.[43] Nicht erfasst von der Erschöpfungswirkung sind Patentgegenstände, welche lediglich innerbetrieblich oder konzernintern bewegt oder übertragen werden.[44] Hier fehlt es an dem Merkmal des Inverkehrbringens.

II. Geschichte des Erschöpfungsgrundsatzes

Der Erschöpfungsgrundsatz ist nicht gesetzlich kodifiziert, sondern wurde richterrechtlich geschaffen und über die Jahre weiterentwickelt.

Im Folgenden soll zur Einleitung ein kurzer Überblick über die Entstehung der Begrifflichkeit sowie Grundsatzes gegeben werden.

---

38 Osterrieth, Patentrecht, Rn. 657; Pitz, Patentverletzungsverfahren, Teil 4. Rechtsansprüche des Patentinhabers und Einwendungen des Verletzers, Rn. 68.

39 Entnommen aus Benkard-Scharen, Patentgesetz, § 9, Rn. 44 unter Auslassung der Nachweise.

40 Osterrieth, Patentrecht, Rn. 657; Jestaedt, Patentrecht, Rn. 639.

41 Mes, Patentrecht, § 9, Rn. 74.

42 Osterrieth, Patentrecht, Rn. 657.

43 Osterrieth, Patentrecht, Rn. 657.

44 Busse/Keukenschrijver-Keukenschrijver, § 9, Rn. 147; BGH GRUR 1981, 587 – Schallplattenimport I; OLG Hamburg GRUR 1985, 923 – Imidazol.

1. Terminologie

Der Rechtsbegriff der „Erschöpfung" wurde bereits im Jahr 1902 durch das Reichsgericht in seiner Entscheidung „Guajakol-Karbonat"[45] geprägt.[46] Das Gericht stützte sich hierbei auf die Vorarbeiten von Josef Kohler[47] in seinem Handbuch des Patentrechts. Die Begrenzung des Monopolrechts aus dem Patent nach Ausübung des erstmaligen, exklusiv dem Patentinhaber vorbehaltenen Verbreitungsrechts wird mittlerweile weltweit in der jeweiligen Sprache als Erschöpfung (engl. exhaustion, franz. épuisement) bezeichnet. Daneben wird auch der Begriff des „Verbrauchs" oder der „Konsumption" deckungsgleich verwendet.

2. Die Guajakol-Karbonat Entscheidung

Nicht nur der Begriff der Erschöpfung, sondern auch tragende Grundsätze der Erschöpfungsdoktrin wurden in der Guajakol-Karbonat Entscheidung geprägt.

Zum Verständnis der Grundsätze wird ein kurzer Überblick über den Sachverhalt und die Entscheidungsgründe gegeben:

In dem der Entscheidung zugrunde liegenden Fall klagte die Inhaberin eines deutschen Patentes auf ein Verfahren zur Herstellung von Guajakol-Karbonat. Sie beantragte, der Beklagten den gewerbsmäßigen An- und Verkauf sowie die Benutzung des Guajakol-Karbonats zu untersagen. Hilfsweise beantragte sie zumindest die Untersagung wenigstens insoweit die Beklagte das Erzeugnis von inländischen Lizenzträgern beziehe.

Die Klägerin vertrieb das Guajakol-Karbonat sowohl im Inland als auch zu niedrigeren Preisen ins Ausland, in dem sie kein Patent auf das Produkt hatte. Es war unstreitig, dass die Beklagte Guajakol-Karbonat für ihren Gewerbebetrieb zu den niedrigeren Auslandspreisen aus einer dritten Quelle bezog.

Die Klägerin war der Ansicht, dass die gegen ihren Willen erfolgte Wiedereinfuhr des Produkts aus dem Ausland ihr Patent verletze. Die Beklagte haben wissen müssen oder können, dass das Guajakol-Karbonat ohne Genehmigung der Klägerin aus dem Ausland reimportiert worden sei.

Dem hielt die Beklagte entgegen, dass sie das Guajakol-Karbonat von inländischen Verkäufern erhalten habe. Wolle sie die Wiedereinfuhr des Produktes aus dem Ausland verhindern, müsse sie sich an ihre Abnehmer im Ausland halten.

---

45 RG, 26.05.1902, RGZ 51 139 ff.

46 Osterrieth, Patentrecht, Rn. 656.

47 Zu finden in: Kohler, Handbuch des Patentrechts, S. 452 ff.

Das Reichsgericht arbeitete in seinen Entscheidungsgründen die Grenzen der aus dem Patentschutz fließenden, absoluten Rechte des Patentinhabers heraus und setzte sie in das Verhältnis zu den inter partes geltenden Vertragsverpflichtungen zwischen dem Patentinhaber und seinen Abnehmern. Das Recht des Patentinhabers beinhalte, dass im Inland niemand außer ihm oder ein mit seiner Zustimmung Handelnder das Produkt herstellen und in den Verkehr bringen dürfe.

„*Damit erschöpft sich aber auch die Wirkung des Patentschutzes.*"[48]

Nachdem der Patentinhaber das patentierte Produkt hergestellt und in den Verkehr gebracht habe, habe er die Vorteile genossen, die ihm das Patentrecht gewähre. Sein Recht sei damit konsumiert. Eine weitere Ausdehnung des Patentrechts würde zu einer

„*unerträglichen Belästigung des Verkehrs führen*"[49].

Die Kontrolle des Weitervertriebs des patentierten Produktes könne nicht mithilfe des Patentrechts erfolgen. Der Patentinhaber könne nicht die

„*Art des Verkehrs nach seiner Willkür gestalten*"[50].

Vielmehr müsse er sich auf die Möglichkeiten des Vertragsrechts verweisen lassen und Beschränkungen des weiteren Vertriebs seinen Abnehmern vertraglich auferlegen. Die Beschränkungen gälten lediglich zwischen den Vertragsparteien, sodass sich der Patentinhaber bei einem Verstoß nur an seine Vertragspartner, die direkten Abnehmer, halten könne. Ein Vorgehen gegen die Beklagte aus dem Patentrecht sei nicht möglich, da sich dieses nach dem Inverkehrbringen des Produktes erschöpft habe. Mangels vertraglicher Beziehungen zwischen der Klägerin und der Beklagten sei ein Vorgehen auf schuldrechtlicher Grundlage ebenfalls ausgeschlossen. Die Klage blieb somit im Ergebnis erfolglos.

3. Bewertung

Während der Grundsatz der Erschöpfung in einer Vielzahl von Entscheidungen sowohl durch die deutschen als auch europäischen Gerichte weiterentwickelt wurde, finden sich interessanterweise die grundsätzlichen Erwägungen für den Erschöpfungsgrundsatz, die bis heute Geltung beanspruchen, bereits in dieser

---

48 RGZ 51, 139, 140.
49 RGZ 51, 139, 141.
50 RGZ 51, 139, 141.

Entscheidung aus dem Jahr 1902. Insbesondere das Prinzip, dass der Patentinhaber beim ersten Inverkehrbringen seiner patententierten Erfindung die Gelegenheit hatte, die Vorteile aus seinem Patent wahrzunehmen und der weitere Vertrieb des patentierten Produkts hiernach seiner Kontrolle entzogen sein soll, prägt den Erschöpfungsgrundsatz maßgebend und bildet einen wichtigen Grundstein der Lösung der Problemstellung dieser Arbeit.

III. Herleitung des Erschöpfungsgrundsatzes

Der Erschöpfungsgrundsatz ist ebenso wie die Gewährung des Monopolrechts im Patentrecht rechtfertigungsbedürftig. Er schränkt das dem Patentinhaber erteilte Recht an dem Patent wieder ein und setzt der Rechtsmacht des Patentinhabers Grenzen. Erste Erwägungen für den Erschöpfungsgrundsatz wurden in der soeben besprochenen Guajakol-Karbonat-Entscheidung herausgearbeitet.

Losgelöst von dieser Entscheidung ergibt sich Erschöpfungsgrundsatz aus einer Abwägung der widerstreitenden Interessen der betroffenen Parteien unter Berücksichtigung des Charakters des Patentrechts, eine Abwägung, die auch durch das Reichsgericht in der Guajakol-Karbonat-Entscheidung vorgenommen wurde. Diese Interessenabwägung wird im Folgenden dargestellt.

1. Widerstreitende Interessen

a. Ausgangslage

Die dargestellten Theorien zur Begründung des Patentschutzes orientieren sich primär an der Vorteilsgewährung zugunsten des Erfinders, um diesen zur Forschungstätigkeit und Offenbarung seines Forschungsergebnisses anzuregen. Sie stellen den Patentinhaber und seinen Schutz in den Mittelpunkt.

Diesem Interesse stehen jedoch weitere, widerstreitende Interessen entgegen, welche durch das Patentrecht in einen schonenden Ausgleich zu bringen sind. Durch die Gewährung des Monopolrechts ist nicht nur der begünstigte Patentinhaber betroffen, es wirkt sich auch auf die anderen Marktteilnehmer und die Endabnehmer aus.

b. Interesse der Allgemeinheit und freier Wettbewerb am Markt

Zunächst ist das Interesse der Allgemeinheit zu berücksichtigen. Grundsätzlich sollen Produkte und Erfindungen in einem freien Wettbewerb am Markt angeboten werden. Sie sollen verkehrsfähig sein.[51] Hiervon verspricht man sich eine Optimierung des Preises und der Qualität der angebotenen Produkte. Das Technologiemonopol des Erfinders in Form des Patentrechts soll nicht zu einem Marktmonopol anwachsen und hierdurch den freien Wettbewerb stören.[52] Aus diesem Grund wird das Ausschlussrecht des Erfinders nicht für unbestimmte Zeit gewährt, sondern nur für einen klar definierten Zeitraum, da sonst niemals ein Wettbewerb mit dem patentierten Produkt stattfinden könnte. Darüber hinaus soll sich das Verbietungsrecht auch nicht auf unbestimmte Zeit an dem konkreten patentierten Gegenstand fortsetzen. Sonst wäre jeder Weiterverkauf des patentierten Gegenstandes von der Zustimmung des Patentinhabers abhängig,[53] die Ware würde niemals uneingeschränkt verkehrsfähig.

c. *Interesse der Wettbewerber*

Die Wettbewerber haben ein Interesse daran, die patentierte Erfindung ebenfalls herzustellen und am Markt anbieten zu können. Durch die Monopolstellung des Patentinhabers ist es ihnen verwehrt, die patentierte Erfindung zu verkaufen. Ihnen entgeht der gesamte Markt in diesem Bereich oder sie müssen sich zumindest auf das Angebot alternativer, nicht patentierter Erzeugnisse oder Verfahren beschränken. Diese dürfen der patentierten Erfindung nicht zu ähnlich sein, da auch äquivalente Abwandlungen der Erfindung dem Monopol des Patentinhabers unterfallen.

Durch das Monopolrecht kommt es folglich zu einer massiven Einschränkung der Wettbewerber des Patentinhabers zumindest mit Blick auf den Erstverkauf eines patentierten Produktes.

d. *Interesse des Erwerbers*

Daneben steht das Interesse des Erwerbers der angebotenen Erfindung. Er gibt einen Kaufpreis im Austausch für das Sacheigentum an der einzelnen Erfindung her. Hierfür möchte er die Erfindung nutzen können und sie gegebenenfalls weiterveräußern. Der Erwerb der Erfindung ist für ihn mutmaßlich nicht attraktiv, wenn er für die nachfolgende Nutzung eine weitere Zustimmung durch den Erfinder anfragen muss. Möglicherweise kann oder möchte er die Erfindung nach einiger Zeit auch nicht mehr verwenden und möchte ihren Wert am Markt

51 Haedicke, Patentrecht, S. 103, Rn. 11 und 13.
52 Friedl/Ann, GRUR 2014, 948.
53 Haedicke, Patentrecht, S. 103, Rn. 11 und 13.

durch einen Weiterverkauf realisieren. Auch hier unterläge er massiven Einschränkungen, wenn er wiederum bei dem Patentrechtsinhaber um Erlaubnis anfragen müsste und der Patentrechtsinhaber diese Erlaubnis verweigern oder sie von einer weiteren Zahlung abhängig machen könnte.

2. Interessenausgleich

Die vorbeschriebenen Interessen werden mittels zweier Grundsätze des Patentrechts in Einklang gebracht.

Zum einen wird die Dauer des Ausschlussrechts beschränkt. Die Dauer beträgt nach aktueller Gesetzeslage 20 Jahre (§ 16 PatG). Es besteht im Einzelfall die Möglichkeit zum Erwerb eines ergänzenden Schutzzertifikats, wodurch sich die Dauer auf insgesamt maximal 25 Jahre erhöht. Ein Schutzzertifikat kann für Arzneimittel und Pflanzenschutzmittel beantragt werden.[54]

Nach Ablauf dieser Frist kann die patentgemäße Lehre von jedermann genutzt und vertrieben werden. Es findet ab diesem Zeitpunkt ein Imitationswettbewerb statt, welcher zu den genannten Vorteilen des freien Wettbewerbs am Markt führen soll: Optimierung des Preises und der Qualität der angebotenen Produkte.

Das Interesse des Einzelnen an der (Weiter-)Verwertung der von ihm erworbenen Erfindung sowie das Interesse der Allgemeinheit an einem freien Warenverkehr auch während der Patentdauer sowie der Entstehung eines Sekundärmarktes, auf dem der patentierte Gegenstand weiter gehandelt werden kann, wird daneben durch den Erschöpfungsgrundsatz gewährleistet.[55] Es handelt sich bei dem Erschöpfungsgrundsatz um eine immanente Inhalts- und Schrankenbestimmung des geistigen Eigentums, die die Rechte des Patentinhabers zum Wohle des Einzelnen einschränkt.[56] Als Teil des (geistigen) Eigentums[57] ist auch das Patentrecht sozialgebunden, Einschränkungen im Interesse des Gemeinwohls sind somit zulässig.[58] Es obliegt hierbei dem Gesetzgeber, den konkreten Inhalt sowie die Schranken des Patentrechts zu bestimmen.[59] Es ist also zulässig die Rechte des Patentinhabers durch die Erschöpfung zu begrenzen, um einen

54 Siehe hierzu näher in der Verordnung (EG) Nr. 469/2009 des Europäischen Parlaments und des Rates vom 6. Mai 2009 über das ergänzende Schutzzertifikat für Arzneimittel.

55 Mes, Patentrecht, § 9, Rn. 76, Haedicke, Patentrecht, S. 103, Rn. 11.

56 Haedicke, Patentrecht, S. 103, Rn. 12; Ilzhöfer, Patentrecht, Rn. 462; Jestaedt, Patentrecht, Rn. 638.

57 Siehe oben B. III. 4.

58 Busse/Keukenschrijver-Keukenschrijver, Patentgesetz, Einleitung Rn. 51 m.w.N.

59 BVerfG, GRUR 1964, 554 – künstliche Bräunung.

unbeschränkten Weiterverkauf zu ermöglichen. Dieses Ergebnis entspricht der Situation beim Sacheigentum, bei welchem sich der Verkäufer bei einem Verkauf ganz selbstverständlich seiner weiteren Einflussmöglichkeiten auf den Gegenstand begibt, der sodann frei gehandelt werden kann.[60]

IV. Grenzen der Erschöpfung

Die Erschöpfung wirkt jedoch nicht unbegrenzt. Es stellt sich die Frage, wie weit der Patentinhaber sein Verbietungsrecht an dem konkreten Patentgegenstand verliert, wenn er ihn in den Verkehr bringt. Im Folgenden werden verschiedene Ansätze zur Bestimmung des territorialen Umfanges der Erschöpfung dargestellt. Die Grenzen der Erschöpfung lassen sich national, europaweit oder international ziehen.

1. Nationale Erschöpfung

Im deutschen Patentrecht gilt das Territorialitätsprinzip, hiernach endet das Schutzrecht an den nationalen Grenzen.[61] Ein Patentrechtsinhaber kann sein deutsches Patent nur innerhalb der Grenzen Deutschlands geltend machen. Andersherum kann ein ausländischer Patentinhaber sein Patent nicht in Deutschland durchsetzen, hierfür muss er zusätzlich zu seinem ausländischen Patent ein deutsches Patent beantragen.[62]

Diesen Grundsatz hat der Bundesgerichtshof zum Anlass genommen, die Wirkung der Erschöpfung auf den nationalen Rechtsraum zu beschränken.[63] Durch ein Inverkehrbringen des Patentgegenstandes durch den Patentinhaber oder einen mit seiner Zustimmung handelnden Dritten in Deutschland, erschöpft sich das deutsche Patent an diesem Gegenstand. Bringt der deutsche Patentinhaber den Patentgegenstand in den USA in den Verkehr, hat dies demgegenüber keine Auswirkung auf sein Schutzrecht in Deutschland. Möchte der US-amerikanische Erwerber des Patentgegenstandes diesen in Deutschland einführen, kann ihm der Patentinhaber sein deutsches Schutzrecht entgegenhalten

60 Ahrens, Gewerbl. Rechtsschutz, Rn. 250.

61 Osterrieth, Patentrecht, Rn. 126 ff.; Pitz, Patentverletzungsverfahren, Teil 4. Rechtsansprüche des Patentinhabers und Einwendungen des Verletzers, Rn. 68.

62 BGH GRUR 1976, 579, 582 – Tylosin; BGH GRUR 1975, 598, 600 – Stapelvorrichtung; BGH GRUR 1968, 195, 196 – Voran.

63 BGH, GRUR 1980, 38, 39 – Fullplastverfahren; BGH GRUR 1959, 232, 233 – Förderrinne; BGH GRUR 1975, 206, 207 – Kunststoffschaum-Bahnen.

und die Einfuhr verbieten, auch wenn er ihm den Patentgegenstand in den USA selbst verkauft hat.

Dieser Grundsatz wird als nationale Erschöpfung bezeichnet.

2. Europaweite Erschöpfung

Mit dem Vertrag von Maastricht wurde am 1. November 1993 eine mittlerweile als Europäische Union bezeichnete Gemeinschaft europäischer Staaten geschaffen. Die Europäische Union und mit ihr das Ziel der Schaffung eines gemeinsamen Marktes aller Mitgliedsstaaten entwickelte sich stetig weiter, sodass sich die Frage nach der Erschöpfung des Patentrechts im europäischen Zusammenhang stellte.

Der durch die Europäische Union geschaffene europäische Binnenmarkt wird von mehreren Grundprinzipien getragen, die zum Gelingen des gemeinsamen Marktes, auf dem zwischen den Mitgliedsstaaten ohne Beschränkungen Handel getrieben werden soll, beitragen. Zu ihnen gehört unter anderem die Warenverkehrsfreiheit, die in Art. 34 des Vertrages über die Arbeitsweise der Europäischen Union (im Folgenden „AEUV“) normiert ist:

> *„Mengenmäßige Einfuhrbeschränkungen sowie alle Maßnahmen gleicher Wirkung sind zwischen den Mitgliedstaaten verboten.“*

Die Warenverkehrsfreiheit im europäischen Binnenmarkt steht im Spannungsverhältnis zu den nationalen Patentrechten und dem korrespondierenden Grundsatz der nationalen Erschöpfung. Während nach Art. 34 AEUV der freie Handel in der Europäischen Union nicht beschränkt werden soll, stellen die nationalen Schutzrechte gerade eine solche Beschränkung dar. Sie führen dazu, dass der Schutzrechtsinhaber in dem Land, in dem er ein Schutzrecht angemeldet hat, nach dem Grundsatz der nationalen Erschöpfung die Einfuhr der geschützten Gegenstände aus einem anderen europäischen Land verbieten kann. Er könnte somit die nationalen Märkte abriegeln.[64]

Grundsätzlich ist diese Einschränkung der Warenverkehrsfreiheit europarechtswidrig und müsste durch den betroffenen Mitgliedsstaat beseitigt werden. Im europäischen Recht finden sich jedoch auch Ausnahmeregelungen, nach denen in speziellen Fällen eine Einschränkung der Warenverkehrsfreiheit gerechtfertigt sein kann.

---

64 EuGH GRUR Int. 1997, 250 – Merck/Primecrown; EuGH GRUR Int. 1982, 47 – Merck/Stephar; EuGH GRUR Int. 1974, 454 – NEGRAM II; BGH GRUR 2000, 299 – Karate m. w. N.

Eine solche Ausnahmevorschrift ist Art. 36 AEUV. Hiernach sind Bestimmungen zum Schutze des gewerblichen und kommerziellen Eigentums zulässig, auch wenn sie die Warenverkehrsfreiheit beschränken. Man könnte argumentieren, dass der Grundsatz der rein nationalen Erschöpfung gerade einen solchen Schutz des gewerblichen Eigentums bewirkt, indem er dazu führt, dass sich das Schutzrecht nur dann erschöpft, wenn innerhalb des Mitgliedsstaates die Erfindung durch den Patentinhaber oder mit seiner Zustimmung in den Verkehr gebracht wurde. Hierdurch wird sichergestellt, dass der Patentinhaber sein geistiges Eigentum in jedem Mitgliedsstaat gesondert ausüben kann.

Diesem Verständnis des Art. 36 AEUV trat der Europäische Gerichtshof jedoch entgegen. Von der Ausnahmevorschrift des Art. 36 AEUV seien nur solche Einfuhrverbote und -beschränkungen erfasst, die zur Wahrung der Rechte dienen, die den spezifischen Gegenstand dieses Eigentums ausmachen.[65] Der spezifische Gegenstand des Patentrechts sei dadurch gekennzeichnet,

> *„daß der Inhaber zum Ausgleich für seine schöpferische Erfindertätigkeit das ausschließliche Recht erlangt, gewerbliche Erzeugnisse herzustellen und in den Verkehr zu bringen, mithin die Erfindung entweder selber oder im Wege der Lizenzvergabe an Dritte zu verwerten, und daß er ferner das Recht erlangt, sich gegen jegliche Zuwiderhandlungen zur Wehr zu setzen.“*[66]

Hieraus ergibt sich nach Auslegung des Europäischen Gerichtshofs, dass die Substanz des Patentrechts im Wesentlichen darin besteht, dem Erfinder das ausschließliche Recht zu verleihen, das Erzeugnis als Erster in den Verkehr zu bringen.[67]

Nachdem er dieses Recht des ersten Inverkehrbringens in irgendeinem Mitgliedsstaat der Europäischen Union in Anspruch genommen hat, kann sich der Patentinhaber nicht mehr der Einfuhr des Erzeugnisses widersetzen, wenn es in einen anderen Mitgliedsstaat importiert wird.[68] Die gegenteilige, streng nationale Erschöpfung würde zu einer Abschottung der Märkte führen und somit den Zielen des Vertrages zuwiderlaufen.[69] Es käme zu einer Beschränkung des freien Handels zwischen den Mitgliedsstaaten.[70]

---

65 EuGH GRUR Int. 1974, 454 – NEGRAM II.

66 EuGH GRUR Int. 1974, 454 – NEGRAM II; ebenso EuGH GRUR Int. 1997, 250 – Merck/Primecrown; EuGH GRUR Int. 1982, 47 – Merck/Stephar.

67 EuGH GRUR Int. 1982, 47 – Merck/Stephar.

68 EuGH GRUR Int. 1982, 47 – Merck/Stephar; Jestaedt, Patentrecht, Rn. 650.

69 EuGH GRUR Int. 1982, 47 – Merck/Stephar; Jestaedt, Patentrecht, Rn. 650.

70 BGH GRUR 2000, 299, 300 – Karate.

Das Ergebnis der Rechtsprechung des Europäisches Gerichtshofs ist, dass sich das Patentrecht nach erstmaligem Inverkehrbringen durch den Patentinhaber oder einen mit seiner Zustimmung handelnden Dritten innerhalb der gesamten Europäischen Union erschöpft.[71] Dies gilt unabhängig davon, ob in dem betreffenden europäischen Land ein Patent besteht oder ein Patentschutz überhaupt möglich ist.[72] Diese europaweite Erschöpfung dient der Sicherung des freien Warenverkehrs.[73]

3. Internationale Erschöpfung

Ein noch weitergehender Ansatz ist der Grundsatz der internationalen Erschöpfung. Das willentliche Inverkehrbringen in einem Staat führt hiernach zu einer weltweiten Erschöpfung des Schutzrechts.[74] Inhaltsgleiche Schutzrechte in anderen Staaten wirken nicht mehr auf den konkreten Gegenstand und der Schutzrechtsinhaber kann den Import des geschützten Gegenstandes in einen anderen Staat, in welchem er Inhaber eines inhaltsgleichen Schutzrechtes ist, nicht verhindern.

Diesen Grundsatz hat der Bundesgerichtshof für das Patentrecht explizit zugunsten der nationalen und mittlerweile europaweiten Erschöpfung abgelehnt.[75] Dieser argumentiert, dass der Erfinder nicht schon dann seine angemessene Entlohnung erhalten habe, wenn er in einem Staat sein Monopol nutzen konnte. Vielmehr habe er in jedem Staat, in dem er sein Patent anmelde, einen gesonderten Anspruch auf seine Entlohnung. Dieser Anspruch sei unabhängig davon, ob er bereits eine Entlohnung für das inhaltsgleiche Patent in einem anderen Staat erhalten habe.[76]

Die Entscheidung gegen die internationale Erschöpfung entspricht auch den berechtigten Erfinderinteressen. Der Erfinder hat mit der ersten Offenlegung der Erfindung nicht nur den nationalen, sondern den weltweiten Stand der Technik um seine Erfindung bereichert.[77] Den interessierten Kreisen weltweit ist die Einsicht in die Offenlegung möglich, sie können an dem Fortschritt der

---

71 BGH GRUR 2000, 299, 300 – Karate; Haedicke, Patentrecht, S. 103, Rn. 11; Jestaedt, Patentrecht, Rn. 650; Mes, Patentrecht, § 9, Rn. 80, 82.

72 Mes, Patentrecht, § 9, Rn. 74; BGH GRUR 2000, 299, 300 – Karate.

73 Haft/von Samson-Himmelstjerna, FS Reimann, S. 176; BGH GRUR 1980, 38, 39 – Fullplastverfahren.

74 Loewenheim, GRUR Int. 1996, 307, 308, Beier, GRUR Int. 1996, 1, 3 ff.

75 BGH GRUR 1976, 579, 582 – Tylosin.

76 BGH GRUR 1976, 579, 582 – Tylosin.

77 Osterrieth, Patentrecht, Rn. 659.

Erfindung partizipieren. Deshalb ist es angemessen, dem Interesse des Erfinders Vorrang zu gewähren. Durch ein Ausschlussrecht im jeweiligen Staat kann er durch unterschiedliche Lizenzvergaben bestimmte Vertriebs- und Preispolitiken durchsetzen.[78] Hierdurch können beispielsweise Markterschließungskosten, die für den Erfinder bei Einführung des Produkts in den einzelnen Ländern anfallen, kompensiert werden, indem der Erfinder oder ein Alleinlizenznehmer die Produkte zunächst zu einem höheren Preis vertreibt.[79] Die Einführung in den nationalen Markt soll deshalb nicht durch günstige Querimporte unterlaufen werden.[80]

Die Entscheidung wird weiterhin dadurch gestützt, dass der Gesetzgeber im Bereich des Markenrechts von dem hier zunächst herrschenden Grundsatz der internationalen Erschöpfung explizit zugunsten der europaweiten Erschöpfung abgewichen ist.[81] Dies entspricht auch dem Grundsatz des Gleichlaufs der Erschöpfung für gewerbliche Schutzrechte.[82]

Im Ergebnis gilt im Patentrecht somit der Grundsatz der europaweiten Erschöpfung.

V. Parallelität der Erschöpfung bei anderen Schutzrechten

Bei allen dem Immaterialgüterschutz unterfallenden Gütern stellt sich nach dem ersten Inverkehrbringen naturgemäß die Frage, ob und wenn ja in welchem Umfang dem Inhaber Rechte an dem Gegenstand verbleiben. Auch im Marken- und Urheberrecht findet sich zur Lösung dieser Frage ein Erschöpfungsgrundsatz. Dieser wurde hier auch gesetzlich kodifiziert, siehe 24 MarkenG und § 17 Abs. 2 UrhG.

Wie im Patentrecht ist auch in diesen Rechtsgebieten eine umfangreiche Rechtsprechung und Literatur zu der Thematik zu finden. Es stellt sich zwangsläufig die Frage, ob im weiteren Verlauf dieser Arbeit hinsichtlich der Erschöpfung im Patentrecht auch Quellen aus den anderen Rechtsgebieten herangezogen werden können.

78 Osterrieth, Patentrecht, Rn. 659.
79 Osterrieth, Patentrecht, Rn. 659.
80 Osterrieth, Patentrecht, Rn. 659.
81 Pitz, Patentverletzungsverfahren, Teil 4. Rechtsansprüche des Patentinhabers und Einwendungen des Verletzers, Rn. 71.
82 Pitz, Patentverletzungsverfahren, Teil 4. Rechtsansprüche des Patentinhabers und Einwendungen des Verletzers, Rn. 71.

Das wäre der Fall, wenn die Erschöpfung in ihren Grundsätzen in den jeweiligen Rechtsgebieten vergleichbar ist, sodass die dortigen Ausführungen sinngemäß auf das Patentrecht übertragen werden können. Um festzustellen, ob eine Vergleichbarkeit vorliegt, werden im Folgenden kurz die wesentlichen Unterschiede und Gemeinsamkeiten der Erschöpfungsgrundsätze der drei Rechtsgebieten Patentrecht, Urheberrecht und Markenrecht herausgearbeitet.

1. Die maßgeblichen Gemeinsamkeiten sowie Unterschiede

Naturgemäß unterschieden sich sowohl die Schutzgegenstände, auf die sich die Erschöpfung bezieht, als auch die Schutzvoraussetzungen in dem jeweiligen Rechtsgebiet. Während das Patentrecht Erfindungen schützt, sind im Urheberrecht gemäß § 1 Urhebergesetz („UrhG") die Werke der Literatur, Wissenschaft und Kunst unter Schutz gestellt, im Markenrecht sind es die in § 3 Markengesetz („MarkenG") als schutzfähig definierten Zeichen.

Die bereits erläuterten Schutzvoraussetzungen im Patentrecht sind gemäß § 1 Abs. 1 PatG Neuheit, erfinderische Tätigkeit sowie gewerbliche Anwendbarkeit. Im Urheberrecht werden gemäß § 2 Abs. 2 UrhG nur persönliche geistige Schöpfungen geschützt. Im Markengesetz werden nur solche eingetragenen Kennzeichen geschützt, bei denen keine relativen oder absoluten Schutzhindernisse vorliegen, §§ 7 ff. MarkenG.

Schließlich differiert auch die Schutzdauer: Im Patentrecht beträgt sie gemäß § 16 PatG maximal 20 Jahre, im Urheberrecht gemäß § 64 UrhG 70 Jahre nach dem Tod des Urhebers, im Markenrecht beträgt die Schutzdauer 10 Jahre und kann unbegrenzt verlängert werden, § 47 MarkenG.

Neben diesen Unterschieden ist jedoch hervorzuheben, dass alle drei Rechte dem Schutz einer geistigen, immateriellen Schöpfung gegen unautorisierten Gebrauch und Reproduktion dienen, sie also einen gemeinsamen Schutzzweck haben.

Alle genannten Immaterialgüterrechte verleihen ihrem Inhaber ein exklusives erstmaliges Verbreitungsrecht, bei allen stellt sich nach dem ersten Vertrieb der betroffenen Güter die Frage, ob sie weiterhin dem Immaterialgüterschutz unterliegen oder ob der Erwerber frei mit dem von ihm erworbenen Gegenstand verfahren kann. Folglich ist auch die Ausgangslage, in der sich die Frage nach der Erschöpfung stellt, bei den drei Rechtsgebieten die gleiche.

Bei den Voraussetzungen der Erschöpfung besteht ebenfalls zu weiten Teilen Parallelität bei den drei Schutzrechten.[83] Die Erschöpfung knüpft an das erste

83 Ingerl/Rohnke, MarkenG, § 24, Rn. 13.

Inverkehrbringen durch den Rechteinhaber oder einen mit seiner Zustimmung handelnden Dritten an.[84] Ebenso finden sich ähnliche Probleme und Fragestellungen in der Erschöpfungsdogmatik der drei Rechtsgebiete. Die Frage, wann ein konkretes Warenexemplar in den Verkehr gebracht und die Erschöpfungswirkung hierdurch ausgelöst wurde, ist auch im Markenrecht nicht abschließend geklärt, sondern umstritten.[85] Im Markenrecht wird beispielsweise diskutiert, inwiefern sich der Markeninhaber nur des Besitzes der Ware oder auch des Eigentums begeben muss.[86]

Im Ergebnis bleibt festzuhalten, dass neben den zu erwartenden Unterschieden in Schutzgegenstand, -voraussetzungen und -dauer der Rechte selbst die Ausgangslage und Umsetzung der Erschöpfung in den drei Rechtsbereichen übereinstimmt. Deshalb ist es sachgerecht – soweit möglich – auch marken- und urheberrechtliche Rechtsprechung und Literatur bei der Behandlung der dieser Arbeit zugrunde liegenden patentrechtlichen Problematik heranzuziehen.

VI. Einleitung zu der Problemstellung: Die Patentanmeldung und -erteilung sowie der Patentaufbau

1. Einleitung

Nach dem einleitenden Überblick über die Grundsätze der Erschöpfung werden im Folgenden die Grundstrukturen der Patentanmeldung und -erteilung dargelegt. Die Grundsätze der Patenterteilung sowie die Struktur des (erteilten) Patents führen zu den in dieser Arbeit behandelten Problemfällen, in denen der geltende Erschöpfungsgrundsatz möglicherweise zu unsachgemäßen Ergebnissen führt. Die folgende Ausarbeitung der Grundlagen des Patentaufbaus und der Patenterteilung ist deshalb Voraussetzung für das Verständnis und die Bearbeitung der Problemstellung.

2. Einführung in die Patentanmeldung und -erteilung

Die Voraussetzungen und Modalitäten der Patentanmeldung und -erteilung sind in den §§ 34 ff. PatG normiert. Vergleichbare Normen finden sich auch auf europäischer Ebene in den §§ 78 ff. EPÜ.

---

84 Ausdrücklich normiert in § 24 MarkenG und § 17 Abs. 2 UrhG, im Patentrecht richterrechtlich entwickelt, siehe hierzu die ausführliche Darstellung oben.

85 OLG Hamburg, GRUR-RR 2002, 96 – Paco Rabanne.

86 BeckOK-Steudtner, Markenrecht, § 24, Rn. 23.

Das Patenterteilungsverfahren findet vor dem deutschen Patentamt statt, es beginnt mit dem Antrag des Anmelders. Die materiellen und formellen Voraussetzungen der Anmeldung sind in § 34 PatG aufgeführt. Detaillierte Anforderungen an die Anmeldung werden in der Patentverordnung („PatV") geregelt.

In § 34 Abs. 3 PatG werden die erforderlichen Bestandteile einer Patentanmeldung festgelegt. Hiernach hat der Antrag neben einer Beschreibung der Erfindung sowie Zeichnungen der Erfindung auch die sogenannten Patentansprüche zu beinhalten (§ 34 Abs. 3 Nr. 3 PatG). Aus der Anmeldung wird bei positiver Entscheidung des Patentamts eine Patentschrift erstellt, die veröffentlicht wird.

Im Folgenden wird auf die für das zu behandelnde Problem maßgeblichen Teile der Anmeldung – insbesondere die Beschreibung der Erfindung sowie die Patentansprüche – näher eingegangen.

3. Die Beschreibung

Nach § 34 Abs. 4 PatG hat die Anmeldung eine Beschreibung der Erfindung zu enthalten. Durch die Beschreibung soll die beanspruchte Erfindung offenbart und mittels Erläuterung ihres technischen Hintergrundes verständlich gemacht werden.[87] Nach der Offenbarungstheorie, welche unter anderem zur Begründung des Patentrechts herangezogen wird, erhält der Erfinder das patentrechtliche Ausschließlichkeitsrecht als Gegenleistung für die Offenbarung seines Wissens.[88] Entsprechend muss die Beschreibung die Erfindung so deutlich und vollständig offenbaren, dass sie von einem Fachmann ausgeführt werden kann.[89]

In der Patentverordnung sind die Anforderungen an die Beschreibung näher geregelt. Nach § 10 PatV hat die Beschreibung neben der Bezeichnung der Erfindung die Angabe des technischen Gebietes, zu dem die Erfindung gehört, zu enthalten. Darüber hinaus ist der Stand der Technik, auf dem die Erfindung aufbaut, darzulegen (§ 10 Abs. 2 PatV). Dies ermöglicht dem Patentamt nachzuvollziehen, ob die Erfindung tatsächlich neu und erfinderisch ist, sich also von dem bestehenden Stand der Technik abhebt.[90]

Auf den ersten Blick ergeben sich damit gewisse Missbrauchsmöglichkeiten für den Anmelder, denn es liegt in seinem Interesse, den Stand der Technik deutlich von seiner Erfindung abzugrenzen und gegebenenfalls bereits zum Stand der Technik gehörende Erkenntnisse zu verschweigen. Wird offensichtlich, dass

87 Benkard-Schäfers, Patentgesetz, § 34, Rn. 80b.
88 Siehe oben B. III. 2.
89 Benkard-Schäfers, Patentgesetz, § 34, Rn. 80b.
90 Benkard-Schäfers, Patentgesetz, § 34, Rn. 81.

die Beschreibung des Standes der Technik unvollständig ist, kann die Anmeldung bereits deshalb zurückgewiesen werden. Ein bewusstes Verschweigen kann auch den Schluss rechtfertigen, der Anmelder habe sich das Patent erschleichen wollen.[91]

Neben dem in der Anmeldung beschriebenen Stand der Technik legt das Patentamt seiner Entscheidung eigene ausführliche Recherchen sowie die Eingaben Dritter zugrunde. Hier kommen insbesondere Eingaben anderer Patentinhaber oder Konkurrenzunternehmen in Betracht. Diese haben ein nachvollziehbares Interesse daran, die Patenterteilung möglichst zu verhindern, beispielsweise mit der Argumentation, dass die Erfindung nicht neu sei, da wesentliche Teile der Erfindung bereits zum Stand der Technik gehörten.

Schließlich enthält die Anmeldung Angaben zum – der Erfindung zugrunde liegenden – technischen Problem sowie zur gewerblichen Anwendbarkeit der Erfindung. Anhand der Beschreibung kann das Patentamt somit einen großen Teil der Voraussetzungen des § 1 Abs. 1 PatG prüfen, sie ist wichtiger und zentraler Teil der Patentanmeldung.

Zusammengefasst enthält die Beschreibung drei wesentliche Elemente, die bei der Betrachtung eines Patents zugrunde zu legen sind:

a. die Beschreibung der Erfindung,
b. der Stand der Technik,
c. die Beschreibung des zu lösenden technischen Problems.

4. Die Patentansprüche

Ein weiterer Teil der Anmeldung und der Patentschrift sind die Patentansprüche. In ihnen wird konkretisiert, was unter Schutz gestellt werden soll, sie enthalten den patentfähigen Teil der Anmeldung.[92] Die Patentansprüche sind somit das Kernstück der Patentanmeldung, denn in ihnen ist die patentgemäße Erfindung, also der unmittelbare Gegenstand des Patents, niedergelegt.[93] Ihre besondere Bedeutung liegt darin, dass die Patentansprüche nach § 14 PatG den Schutzbereich des Patents bestimmen. Die Rechtsprechung hat diese Regel dahin gehend konkretisiert, dass sich der Schutzbereich des Patents durch den

91 Benkard-Schäfers, Patentgesetz, § 34, Rn. 86a.

92 Mes, Patentrecht, § 34, Rn. 30.

93 BGH GRUR 2004, 47 ff. – Blasenfreie Gummibahn I; BGH, GRUR 1993, 651, 653 – Tetraploide Kamille.

durch Auslegung zu ermittelnden Inhalt der Patentansprüche bestimmt.[94] Die Auslegung hat aus Sicht des in dem jeweiligen Fachgebiet tätigen Fachmanns zu erfolgen.[95]

a. Interesse des Patentanmelders

Die Formulierung der Patentansprüche erfolgt durch den Patentanmelder im Rahmen der Anmeldung. Sollte die zunächst eingereichte Formulierung von dem Deutschen Patent- und Markenamt (im Folgenden „DPMA") nicht akzeptiert werden, reicht der Patentanmelder üblicherweise eine überarbeitete – zumeist eingeschränkte – Version der Patentansprüche ein. Dieses Vorgehen wiederholt sich, bis die aktuelle Formulierung durch das DPMA anerkannt wird.

Die Formulierung obliegt grundsätzlich dem Patentanmelder. Das bietet ihm – im Interesse eines möglichst effektiven Ausschlussrechts – die Chance, eigene taktische Überlegungen in die Abfassung der Patentansprüche einfließen zu lassen. Er hat die Wahl, ob er einen kurzen, wenige Merkmale enthaltenden Anspruch oder lieber einen detailreichen, viele Merkmale enthaltenden Anspruch formuliert.

Für beide Varianten sprechen überzeugende Argumente:

- Der Nachweis der rechtswidrigen Patentbenutzung durch Dritte ist einfacher zu führen, wenn der Patentanspruch nur wenige Merkmale enthält, da lediglich die Verwirklichung dieser Merkmale dargelegt und bewiesen werden muss.[96] Zudem wird ein knapp gefasster Anspruch eher unmittelbar verletzt. Eine unmittelbare Verletzung liegt vor, wenn ein Dritter alle Merkmale des Patentanspruchs verwirklicht. Das ist für den Patentinhaber vor Gericht leichter nachzuweisen, da er lediglich die objektiven Tatbestandsmerkmale darlegen muss und nicht die zusätzlichen subjektiven Tatbestandsmerkmale der mittelbaren Patentverletzung nach § 10 PatG zu beweisen sind.[97]
- Ungeachtet dessen kann es im Interesse des Patentanmelders liegen, den Schutzbereich seines Patents möglichst weit zu fassen, indem er viele

94 BGHZ 125, 303 (310) = NJW-RR 1995, 106 – Zerlegvorrichtung für Baumstämme; BGHZ 105, 1 (10) = NJW 1989, 669 – Ionenanalyse; BGHZ 98, 12 (19) = NJW 1986, 3202 – Formstein.

95 BGHZ 125, 303 (310) = NJW-RR 1995, 106 – Zerlegvorrichtung für Baumstämme; BGHZ 105, 1 (10) = NJW 1989, 669 – Ionenanalyse; BGHZ 98, 12 (19) = NJW 1986, 3202 – Formstein.

96 Von Meibom/Meyer, FS Mes, S. 257.

97 Von Meibom/Meyer, FS Mes, S. 257.

Merkmale in seinen Patentanspruch aufnimmt. Hierdurch werden bereits die Lieferanten von Einzelteilen der Erfindung als Patentverletzer erfasst, die sich dann gegen den Vorwurf der mittelbaren Patentverletzung verteidigen müssen.[98] Entsprechend wird der Patentanmelder – gegebenenfalls unter Zuhilfenahme eines (Patent-)Anwalts – die Ansprüche seiner Anmeldung zumeist weit formulieren.

Es ist in seinem Sinne, wenn die Verwirklichung bereits einzelner Schritte oder Teile der Erfindung unter seinen Patentanspruch fällt, da er bereits dann wegen unmittelbarer Patentverletzung vorgehen kann. Je umfassender er den Schutzbereich ziehen kann, desto weitreichender ist seine Monopolstellung.

b. Patentaufbau

aa. Grundlagen

Entscheidendes Instrument für die Ausweitung eines Patents ist die Formulierung der Patentansprüche. Oftmals besteht ein Patent aus mehreren Ansprüchen. Diese gliedern sich üblicherweise in den Hauptanspruch und Unteransprüche auf. In dem Hauptanspruch werden die wesentlichen Merkmale der Erfindung aufgeführt (§ 9 Abs. 4 PatV), daneben gibt es die Unteransprüche. Die Unteransprüche nehmen Bezug auf den Hauptanspruch (§ 9 Abs. 6 PatV) und sind von diesem abhängig. In den Unteransprüchen werden besondere Ausführungsarten der Erfindung beschrieben.

Über die Haupt- und Unteransprüche hinaus gibt es noch eine dritte Kategorie: Die Nebenansprüche. Im Gegensatz zu den Unteransprüchen sind sie nicht von dem Hauptanspruch abhängig, da sie sich nicht auf den Hauptanspruch als Grundlage beziehen.[99] Nebenansprüche verschaffen dem Patentanmelder somit einen zusätzlichen Schutzbereich.[100]

Die Nebenansprüche beinhalten einen eigenständigen Erfindungsteil, jedoch mit einem engen Bezug zu der Erfindung des Hauptanspruchs. Das ist Voraussetzung, denn im Patentrecht gilt das Erfordernis der Einheitlichkeit der Erfindung.[101] Eine Anmeldung darf nur eine Erfindung im weiteren Sinne beinhalten.[102] Das bedeutet, dass alle Ansprüche der Patentanmeldung durch

98 Von Meibom/Meyer, FS Mes, S. 257.

99 Benkard-Scharen, Patentrecht, § 14, Rn. 20 sowie § 9 Abs. 5 PatV.

100 Schönbohm/Ehlgen, Mitt. 2016, S. 105.

101 Benkard-Schäfers, Patentrecht, § 34, Rn. 94 a sowie § 9 Abs. 5 PatV und § 34 Abs. 5 Patg.

102 BeckOK-Stortnik, Patentrecht, § 34, Rn. 222 ff.

eine allgemeine erfinderische Idee miteinander verknüpft sein müssen,[103] denn der Gegenstand der Anmeldung und des in ihr verkörperten Schutzbegehrens muss eine einheitliche Erfindung sein.[104]

bb. Beispiel

Die Funktion und der Schutzbereich der einzelnen vorgenannten Anspruchstypen sollen nun anhand eines abstrakten Beispielpatents mit folgenden Ansprüchen verdeutlicht werden:

Der Hauptanspruch beinhaltet die zentrale Erfindung:

> *„1. Erzeugnis mit [Merkmal 1] sowie [Merkmal 2], dadurch gekennzeichnet, dass [Merkmal 1] sich durch [Merkmal 3] auszeichnet und das Erzeugnis [Merkmal 4] aufweist…“*

Der abhängige Unteranspruch ist eine besondere Ausführungsform, die beispielsweise qualifizierende Merkmale aufweist:

> *„2. Erzeugnis nach Anspruch 1, wobei [Merkmal 4] zusätzlich aufweist…“*

Der unabhängige Nebenanspruch beinhaltet einen eigenständigen Erfindungsteil, der jedoch auf dem gleichen allgemeinen Erfindungsgedanken aufbaut:

> *„3. Verfahren zur Anwendung von Erzeugnis …, dadurch gekennzeichnet, dass…“*

Der Nebenanspruch muss nicht eigenständig schutzfähig und patentierbar sein. Oftmals werden sogenannte System- oder Verfahrensansprüche in Nebenansprüchen geschützt.

Der Patentanmelder kann den Schutzbereich seines Patents somit durch geschickte Formulierung von Unter- und Nebenanspruch ausweiten. Die Grenze ergibt sich wie dargelegt durch den Grundsatz der Einheitlichkeit der Patentanmeldung (§ 34 Abs. 5 PatG, § 9 Abs. 5 PatV).

Darüber hinaus sind der Anspruchsformulierung kaum Grenzen gesetzt. Insbesondere ist es zulässig, dass sich die Schutzbereiche der einzelnen Ansprüche überschneiden, solange sie sich nicht gänzlich decken.[105]

c. Anspruchskategorien

§ 9 PatG bestimmt die Wirkung des Patentrechts als Ausschluss- und Monopolrecht. In § 9 Satz 2 Nr. 1 und Nr. 2 PatG wird zwischen zwei Anspruchskategorien

---

103 Benkard-Schäfers, Patentrecht, § 34, Rn. 94 d.

104 Benkard-Schäfers, Patentrecht, § 34, Rn. 94 c.

105 BGH, GRUR 2006, 748 – Mikroprozessor.

unterschieden. Nach § 9 Satz 2 Nr. 1 PatG kann ein Erzeugnis, also eine Sache, als Erfindung geschützt werden, nach § 9 Satz 2 Nr. 2 PatG ein Verfahren. Man spricht von Sachpatenten und Verfahrenspatenten.

Sachpatente lassen sich weiter untergliedern in Sach-, Vorrichtungs- und Stoffpatente sowie System- oder Kombinationspatente. Ein Sachpatent schützt einen Gegenstand, ein Vorrichtungspatent eine Vorrichtung, also beispielsweise eine Maschine. Mit einem Stoffpatent werden chemische Stoffe geschützt. Systempatente schützen eine Sache in einem System, während das Kombinationspatent die Kombination verschiedener Sachen oder Sachteile schützt.

Bei Verfahrenspatenten unterschiedet man zwischen Arbeits- und Herstellungsverfahren. Bei einem Arbeitsverfahrenspatent wird das Verfahren als solches geschützt. Das Herstellungsverfahrenspatent schützt ein Verfahren zur Produktherstellung.

Die Unterscheidung zwischen Sach- und Verfahrenspatent ist von großer Bedeutung für den Patentinhaber, da sich die Verbotswirkungen je nach Patentkategorie unterscheiden.[106] Bei Sachpatenten ist es nach § 9 Satz 2 Nr. 1 PatG verboten,

> *„ein Erzeugnis, das Gegenstand des Patents ist, herzustellen, anzubieten, in Verkehr zu bringen oder zu gebrauchen oder zu den genannten Zwecken entweder einzuführen oder zu besitzen".*

Demgegenüber verbietet § 9 Satz 2 Nr. 2 PatG bei Verfahrenspatenten:

> *„ein Verfahren, das Gegenstand des Patents ist, anzuwenden oder, wenn der Dritte weiß oder es auf Grund der Umstände offensichtlich ist, daß die Anwendung des Verfahrens ohne Zustimmung des Patentinhabers verboten ist, zur Anwendung im Geltungsbereich dieses Gesetzes anzubieten".*

Darüber hinaus schützt § 9 Satz 2 Nr. 3 PatG auch das durch ein Verfahren hergestellte Erzeugnis. Hiernach ist es verboten

> *„das durch ein Verfahren, das Gegenstand des Patents ist, unmittelbar hergestellte Erzeugnis anzubieten, in Verkehr zu bringen oder zu gebrauchen oder zu den genannten Zwecken entweder einzuführen oder zu besitzen".*

Die Einordnung in eine der Kategorien erfolgt nach dem Inhalt der Erfindung.[107] Oftmals kann eine Erfindung nach ihren offenbarten Merkmalen nur einer Kategorie zugeordnet werden. Enthält die Erfindung beispielsweise lediglich

---

106 Benkard, Patentrecht, § 1 Rn. 4; Mes, Patentrecht, § 34, Rn. 42

107 BGHZ 95, 295, 297 = GRUR 1986, 163 – Borhaltige Stähle; Benkard, Patentrecht, § 1 Rn. 5.

Merkmale einer Vorrichtung, handelt es sich zweifelsfrei um ein Vorrichtungspatent und somit um ein Sachpatent. Maßgeblich für die Einordnung ist jedoch nicht die sprachliche Fassung der eingereichten Erfindung. Es kommt vielmehr darauf an, was inhaltlich als die dem Fachmann erteilte Lehre zum technischen Handeln geschützt werden soll.[108]

Eine Abgrenzung ist nicht immer einfach. So kann ein Verfahrensanspruch beispielsweise Merkmale enthalten, die das Verfahren auf den ersten Blick nicht direkt beschreiben. Das Patentamt forderte deshalb zunächst zur Unterscheidung, dass ein Verfahrensanspruch nur Merkmale enthalten solle, die die „Einwirkung auf ein Substrat" beschreiben. Nur hierunter sei ein Verfahren im Wortsinn zu verstehen. In seiner Entscheidung „Verfahrensansprüche"[109] entschied das Bundespatentgericht jedoch, dass ein Verfahrensanspruch auch Merkmale enthalten könne, die einen gegenständlichen Charakter haben. So könne ein Verfahrensanspruch durchaus Merkmale enthalten, die die zur Durchführung eines Verfahrens zu verwendenden Maschinen und Vorrichtungen beinhalten.[110] In einer Entscheidung aus dem Jahre 2016 konkretisierte das Bundespatentgericht, dass bei Herstellungsverfahren die Lehre zum technischen Handeln aus zwei Schritten bestehe: Die Wahl der Ausgangsstoffe sowie die Art der Einwirkung auf diese Stoffe.[111] Demnach enthalte ein Herstellungsverfahrensanspruch durch die Bezeichnung der Ausgangsstoffe zwingend Erzeugnismerkmale. Das führe zu dem Schluss, dass für die

> *„Beurteilung der Patentfähigkeit von Verfahrensansprüchen darin enthaltene Erzeugnis- bzw. Vorrichtungsmerkmale berücksichtigt werden, da sie ebenso wie die Verfahrensmerkmale zur offenbarten technischen Lehre gehören."*[112]

Erzeugnismerkmale sind folglich in Verfahrensansprüchen nicht nur zulässig, sondern auch bei der Prüfung der Ansprüche zu berücksichtigen. Sie sprechen nicht dagegen, dass ein Anspruch insgesamt als Verfahrensanspruch zu beurteilen ist, auch wenn er Erzeugnismerkmale enthält. Hierdurch wird die Einordnung eines Anspruchs in eine Kategorie erschwert, da von den einzelnen Merkmalen nicht zwingend auf die Anspruchskategorie geschlossen werden kann.

Es gibt darüber hinaus auch Erfindungen, die nach ihrem Inhalt mehreren Kategorien zugeordnet werden können. So gibt es, wie bereits dargelegt,

---

108 BPatG, Verfahrensansprüche 11 W (pat) 25/94 (1995), BeckRS 1995, 10608, Rn. 15.
109 BPatG, Verfahrensansprüche 11 W (pat) 25/94 (1995), BeckRS 1995, 10608.
110 BPatG. Verfahrensansprüche 11 W (pat) 25/94 (1995), BeckRS 1995, 10608, Rn. 15.
111 BPatG, Beschluss vom 28.07.2016 – 8 W (pat) 44/12, BeckRS 2016, 16666.
112 BPatG, Beschluss vom 28.07.2016 – 8 W (pat) 44/12, BeckRS 2016, 16666.

Erfindungen, die mehrere unter- und nebengeordnete Ansprüche umfassen, die sich teils der Verfahrens- und teils der Sachkategorie zuordnen lassen.

Die Auswahl der Patentkategorie obliegt in diesem Fall dem Anmelder, er legt sie im Rahmen der Anmeldung fest[113] und kann zwischen den Kategorien frei wählen.[114] Es stellt sich jedoch die Frage, ob der Anmelder überhaupt eine Entscheidung treffen muss, wenn sich seine Erfindung sowohl der Sach- als auch der Verfahrenskategorie zuordnen lassen kann. § 6 Satz 1 PatG statuiert:

„Das Recht auf das Patent hat der Erfinder oder sein Rechtsnachfolger."

Aus diesem „Recht auf das Patent" werden diverse Ansprüche des Erfinders abgeleitet. Es beinhaltet eine materiell-rechtliche Berechtigung des Erfinders an seiner Erfindung, die als Vermögenswert im Rechtsverkehr gehandelt werden kann.[115] Darüber hinaus beinhaltet das „Recht auf das Patent" auch das Erfinderpersönlichkeitsrecht sowie das alleinige Nutzungsrecht und die Verbietungsrechte aus § 9 ff. PatG.[116]

Schließlich umfasst das Recht auch einen Anspruch auf Erteilung des Patents.[117] Es handelt sich um einen öffentlich-rechtlichen Anspruch gegenüber dem Deutschen Patent- und Markenamt.[118] Inhaltlich richtet sich der Anspruch auf die Erteilung des Patents in der eingereichten Form, soweit es rechtlich zulässig ist. Daraus folgt, dass der Erfinder – soweit zulässig – einen Anspruch auf Patenterteilung in beiden Patentkategorien hat. Die Rechtsprechung hat die Frage deshalb im Sinne des Erfinders entschieden: Er kann beide Kategorien parallel beanspruchen.[119] Entsprechend hat der Bundesgerichtshof bereits im Jahr 1970 in seiner Entscheidung „Fungizid" festgelegt, dass üblicherweise ein Rechtsschutzbedürfnis des Anmelders bestehe, sein Patent in beiden Kategorien schützen zu lassen.[120]

---

113 BGHZ 95, 295, 297 = GRUR 1986, 163 – Borhaltige Stähle.

114 BGH GRUR 1998, 130 – Handhabungsgerät; BGHZ 95, 295 = GRUR 1986, 163 – Borhaltige Stähle; BGHZ 1967, 241 = Ia ZR 11/63 – Mehrschichtplatte aus Abfallholz und Spänen.

115 Mes, Patentrecht, § 6, Rn. 15.

116 Mes, Patentrecht, § 6, Rn. 20.

117 Mes, Patentrecht, § 6, Rn. 18.

118 Mes, Patentrecht, § 1 Rn. 5; BVerfG GRUR 2003, 723 – Rechtsprechungstätigkeit; BGH NJW-RR 2010, 554, 556 – Fischdosendeckel; BGHZ 166, 347 = GRUR 2006, 748 – Mikroprozessor; Mes, GRUR 2001, 584.

119 BGH GRUR 1998, 130 – Handhabungsgerät; BGH GRUR 1979, 461 – Farbbildröhre; Benkard-Bacher, Patentgesetz, § 1 Rn. 5.

120 BGH, GRUR 1970, 601 ff. – Fungizid; BGH GRUR 1998, 131 – Handhabungsgerät.

D. Problemstellung

I. Einleitung und Beispiel

Der zuvor dargelegte Anspruch des Anmelders auf Anmeldung der Erfindung in mehreren Kategorien führt dazu, dass der Anmelder durch geschickte Fassung der Ansprüche ein komplexes Patent sowohl in der Sach- als auch in der Verfahrenskategorie mit den jeweils unterschiedlichen Schutzbereichen beanspruchen kann. Überdies kann er dabei verschiedene Patentkategorien für Haupt-, Unter- sowie Nebenansprüchen wählen.

Zur Verdeutlichung der dieser Arbeit zugrunde liegenden Problematik sowie der Lösungsansätze soll nachfolgendes Patent über einen Mikroprozessor dienen.

Der Patentanmelder beantragt Patentschutz für folgende Ansprüche:

1. Einen Sachanspruch gerichtet auf einen Mikroprozessor.
2. Einen Unteranspruch in Form eines Verfahrensanspruchs zum Betrieb des Mikroprozessors.
3. Einen Nebenanspruch auf ein System, das den Mikroprozessor beinhaltet.

Die Patentansprüche lauten wie folgt[121]:

1. Patentanspruch 1 – Sachanspruch:

> „Mikroprozessor zum Verarbeiten von Befehlen,
> die einen eine aufzulösende Bedingung enthaltenden Verzweigungsbefehl,
> einen ersten Codeabschnitt, der verarbeitet werden soll, sofern die Bedingung als erfüllt aufgelöst, und
> einen zweiten Codeabschnitt, der verarbeitet werden soll, sofern die Bedingung als nicht erfüllt aufgelöst wird, umfassen,
> wobei der Mikroprozessor aufweist:
> eine Heranholeinheit zum Heranholen von Befehlen aus einem Speicher; [...]“

2. Patentanspruch 10 – Verfahrensanspruch:

> „Verfahren zum Verarbeiten von Befehlen in einem Programm in einem Mikroprozessor,
> wobei das Programm einen Verzweigungsbefehl enthält, der eine aufzulösende Bedingung aufweist,

121 Angelehnt an BPatG GRUR 2004, 322 – Mikroprozessor und BGH GRUR 2006, 748 – Mikroprozessor.

wobei das Programm einen ersten Codeabschnitt, der verarbeitet werden soll, wenn die Bedingung als erfüllt aufgelöst wird, und
einen zweiten Codeabschnitt, der verarbeitet werden soll, wenn die Bedingung als nicht erfüllt aufgelöst wird,
enthält, wobei das Verfahren die Schritte umfaßt:
Heranholen des Verzweigungsbefehls [...]"

3. Patentanspruch 19 – Systemanspruch:

„Computersystem, aufweisend:
einen Speicher, der Befehle in einem Programmablauf speichert,
wobei der Programmablauf einen Verzweigungsbefehl mit einer aufzulösenden Bedingung,
einen ersten Codeabschnitt, der verarbeitet werden soll, wenn die Bedingung als erfüllt aufgelöst wird, und
einen zweiten Codeabschnitt, der verarbeitet werden soll, wenn die Bedingung als nicht erfüllt aufgelöst wird, enthält;
einen mit dem Speicher gekoppelten Bus, der Informationen austauscht, und
einen Mikroprozessor nach einem der Ansprüche 1 bis 9."

Ein Vergleich der Patentansprüche zeigt, dass diese sich in weiten Teilen überschneiden. Während Patentanspruch 1 ein Sachpatent über einen Mikroprozessor beinhaltet, schützt Patentanspruch 10 das Verfahren zum Betrieb des Mikroprozessors. Patentanspruch 19 schützt den in ein Computersystem eingebauten Mikroprozessor aus Patentanspruch 1. Der Betrieb des Mikroprozessors mit Einbau in ein Computersystem stellt die bestimmungsgemäße und einzig sinnvolle Verwendung des Mikroprozessors nach Patentanspruch 1 dar.

Bei Betrachtung der Ansprüche stellt sich die Frage, ob der Patentanmelder überhaupt ein Rechtsschutzbedürfnis hat, fast deckungsgleiche Ansprüche nebeneinander anzumelden. In der Praxis des DPMA werden immer wieder annähernd deckungsgleiche Ansprüche in der Anmeldung akzeptiert,[122] es bestand jedoch über lange Zeit keine einheitliche Spruchpraxis, ob die Beiordnung fast inhaltsgleicher Ansprüche zulässig ist.[123] Die Beiordnung der Ansprüche in dem genannten Beispiel eines Mikroprozessorpatentes beschäftigte deshalb sowohl das Patentamt als auch das Bundespatentgericht und den Bundesgerichtshof.[124]

122 BPatG GRUR 2004, 322 – Mikroprozessor.

123 BPatG GRUR 2004, 322 – Mikroprozessor.

124 BPatG GRUR 2004, 322 – Mikroprozessor und BGH GRUR 2006, 748 – Mikroprozessor.

Im Erteilungsverfahren für das Mikroprozessorpatent verneinte das Patentamt die Patentierbarkeit des Patentanspruchs 19. Es führte aus, dass der Patentanmelder kein Interesse an der Anmeldung von Patentanspruch 19 habe, da dieser fast inhaltsgleich mit Patentanspruch 1 sei. Es handele sich um die Lösung ein und desselben Problems. Patentanspruch 19 füge dem Mikroprozessor aus Patentanspruch 1 lediglich einen „Bus“ als weiteres Merkmal hinzu, hierbei handele es sich jedoch um ein vom Fachmann auch ohne gesonderte Erwähnung mitgelesenes Detail. Es fehle der Anmelderin deshalb das Rechtsschutzinteresse für die Anmeldung der Patentansprüche 1 und 19 nebeneinander.

Gegen die Entscheidung des Patentamtes legte die Anmelderin Beschwerde zum Bundespatentgericht ein. Sie beantragte die Erteilung des Patents in der eingereichten Form. Dem Antrag trat der Präsident des Patentamtes entgegen mit dem Argument, dass es sich bei Patentanspruch 19 rechtstechnisch um einen Nebenanspruch handele.[125] Dieser müsse eine unabhängige Lösung des der Erfindung zugrunde liegenden Problems bieten. Patentanspruch 19 ergänze die Erfindung jedoch lediglich um einen „Bus“. Hierbei handele es sich um eine Selbstverständlichkeit. Das Bundespatentgericht folgte der Argumentation des Präsidenten des Patentamtes und wies den Antrag ab.[126] Es führte aus, dass das Fehlen des Rechtsschutzinteresses durch das DPMA positiv festzustellen sei und an die Feststellung strenge Anforderungen zu stellen seien.[127] Das Rechtsschutzinteresse sei nur dann zu verneinen, wenn der begehrte Anspruch nichts enthalte, das

„über den sachlichen Gehalt des ersten Patentanspruchs hinausgeht“[128]

und dem Anmelder durch den zweiten Anspruch kein zusätzlicher Schutz oder eine Auffangposition bei Wegfallen des ersten Anspruchs gewährt würde.[129] Das Gericht wies darauf hin, dass es für die Bestimmung des Rechtsschutzinteresses nicht maßgeblich sei, ob die infrage stehenden Ansprüche einer oder mehrerer Patentkategorien angehörten.[130]

Das Bundespatentgericht setzte die Anforderungen an die positive Feststellung des Nichtvorliegens des Rechtsschutzinteresses mithin hoch an. Trotzdem sah es diese Anforderungen in dem ihm vorliegenden Fall des Mikroprozessorpatents

---

125 Siehe hierzu bereits oben C. VI. 4. b. aa.
126 BPatG GRUR 2004, 320 – Mikroprozessor.
127 BPatG GRUR 2004, 320 – Mikroprozessor.
128 BPatG GRUR 2004, 321 – Mikroprozessor.
129 BPatG GRUR 2004, 321 – Mikroprozessor.
130 BPatG GRUR 2004, 321 – Mikroprozessor.

als erfüllt: Es sei kein „Überschuss" zwischen Patentanspruch 1 und Patentanspruch 19 vorhanden, beide Ansprüche hätten denselben sachlichen Gehalt.[131] Der sachliche Gehalt eines Anspruchs sei nach der Rechtsprechung anhand der wesentlichen Kriterien der in der Erfindung angegebenen Merkmale zu bestimmen, der sachliche Gehalt werde somit gleich dem Schutzbereich nach § 14 PatG bestimmt.[132]

Nach dieser Methode analysierte das BPatG die vorliegenden Patentansprüche 1 und 19. Es kam zu dem Ergebnis, dass die erfindungswesentliche Verzweigungslogik bei beiden Ansprüchen das wesentliche Merkmal darstellte. Die weiteren, insbesondere die inkongruenten Merkmale, seien nicht mehr Teil des sachlichen Gehalts der Ansprüche.[133] Patentanspruch 1 basiere auf einem Mikroprozessor, welcher die erfindungswesentliche Verzweigungslogik enthalte, Patentanspruch 19 weise demgegenüber ein Computersystem mit dieser Verzweigungslogik auf. Mikroprozessor und Computersystem stellten jedoch lediglich die Umgebung dar, in welcher der Kern der Erfindung, die Verzweigungslogik, arbeite.[134] Darüber hinaus fügte Patentanspruch 19 der Verzweigungslogik noch „einen mit dem Speicher gekoppelten Bus, der Informationen austauscht" hinzu. Dieses Merkmal findet sich nicht bei Patentanspruch 1. Das Bundespatentgericht bewertete das zusätzliche Merkmal als „glatte Trivialität".[135] Der Bus sowie die weiteren Umgebungsmerkmale des Patentanspruchs 19 fügten aufgrund ihrer Trivialität dem Patentanspruch 1 nichts Substantielles hinzu. Durch Patentanspruch 19 erhalte die Anmelderin somit keine weitergehende Rechte als durch Patentanspruch 1, Patentanspruch 19 könne auch nicht als Auffanganspruch dienen, da bei Wegfall von Patentanspruch 1 ebenfalls mit einem Wegfall von Patentanspruch 19 zu rechnen sei.[136]

Die Anmelderin legte erfolgreich Rechtsbeschwerde zum Bundesgerichtshof ein. Der Bundesgerichtshof stellte fest:

> *„Übereinstimmungen im Schutzbereich von Patentansprüchen berühren das Rechtsschutzbedürfnis jedenfalls solange nicht, wie der Erteilungsantrag nicht auf eine mehrfache Patentierung ein und desselben Gegenstands gerichtet wird."*[137]

---

131 BPatG GRUR 2004, 321 – Mikroprozessor.
132 BPatG GRUR 2004, 321 – Mikroprozessor.
133 BPatG GRUR 2004, 321 – Mikroprozessor.
134 BPatG GRUR 2004, 321 – Mikroprozessor.
135 BPatG GRUR 2004, 321 – Mikroprozessor.
136 BPatG GRUR 2004, 322 – Mikroprozessor.
137 BGH GRUR 2006, 748 – Mikroprozessor.

Die Entscheidung des Bundesgerichtshofs bedeutet, dass ein Neben- oder Unteranspruch auch dann patentfähig ist, wenn er der Erfindung des Hauptanspruchs nichts Wesentliches hinzufügt. Solange die Ansprüche nicht identisch sind, ist der fast inhaltsgleiche Nebenanspruch schutzfähig. Es genügt, dass er dem Hauptanspruch Selbstverständlichkeiten hinzufügt.

II. Das dogmatische Problem

Die dargestellte Systematik des Patentaufbaus und der Patentanmeldung ermöglicht dem Patentinhaber durch geschickte Formulierung seiner Patentansprüche die Abfassung eines Patents, dass ihm eine Mehrfachverwertung seiner Erfindung ermöglicht. Die Doppelverwertungsmöglichkeit ergibt sich, wenn die Erfindung auf eine für die globalisierte Wirtschaftsordnung typische arbeitsteilige Vermarktungskette trifft.

Die Verwertung in der Vermarktungskette sei beispielhaft an dem zuvor erläuterten Mikroprozessorpatent dargestellt: Der Patentinhaber stellt einen patentgemäßen Mikroprozessor her und bringt ihn durch Verkauf an einen Abnehmer in den Verkehr. Das Sachpatent an dem Patentgegenstand Mikroprozessor ist folglich erschöpft. Neben dem erschöpften Sachanspruch bestehen jedoch weiterhin der Verfahrensanspruch sowie der Systemanspruch.

Üblicherweise möchte der Abnehmer den patentierten Mikroprozessor im Folgenden bestimmungsgemäß nutzen. Betreibt er den Mikroprozessor, so führt er das Verfahren nach dem Verfahrensanspruch 10 des Patentinhabers aus. Der Verfahrensanspruch beinhaltet jedoch nicht mehr als den bestimmungsgemäßen Gebrauch des Mikroprozessors.

Da der Verfahrensanspruch nach der vorherrschenden Erschöpfungsdogmatik durch den Verkauf des Mikroprozessors nicht erschöpft wurde, könnte der Patentinhaber unter Hinweis auf seinen Verfahrensanspruch den bestimmungsgemäßen Gebrauch entweder auf Grundlage seines Unterlassungsanspruchs verbieten oder von einer Lizenzzahlung abhängig machen.

Möglicherweise handelt es sich bei dem Abnehmer auch um einen Zwischenhändler, der den Mikroprozessor in ein System, beispielsweise einen Computer, einbauen möchte, um dann das Endprodukt weiterzuverkaufen. Das Einfügen des Patentgegenstandes in das System unterfällt jedoch dem Systemanspruch 19. Auch aufgrund seines Systemanspruchs könnte der Patentinhaber eine Lizenzgebühr verlangen oder von seinem Verbietungsrecht Gebrauch machen, denn nach der vorherrschenden Erschöpfungsdogmatik wurde der Systemanspruch durch den Verkauf des Mikroprozessors ebenfalls nicht erschöpft.

In beiden Fällen erhält der Patentinhaber zunächst den Kaufpreis für den Patentgegenstand nach Patentanspruch 1. Ferner kann er die Weiterverwertung bzw. den weiteren Gebrauch des Patentgegenstandes kontrollieren, verbieten oder von einer weiteren Zahlung abhängig machen. Wenn er sie einfordert, kann er im Ergebnis mindestens zwei Lizenzzahlungen erhalten.

Genau das ist jedoch nicht Sinn und Zweck des Patentrechts. Wie dargestellt erschöpft sich das Schutzrecht mit dem ersten willentlichen Inverkehrbringen,[138] das Ausschlussrecht gewährt dem Patentinhaber nach dem Verkauf kein Recht den weiteren Vertriebsweg vorzugeben.[139] Die Grenze des Patentrechts ist Folge einer Interessenabwägung zwischen den Interessen des Patentinhabers einerseits und den Interessen des Erwerbers des Patentgegenstandes sowie der Allgemeinheit und der Wirtschaft andererseits. Diesem Grundgedanken widerspricht es, wenn der Patentinhaber den weiteren Vertrieb oder Gebrauch des Gegenstandes kontrollieren kann, nachdem der Gegenstand mit seiner Zustimmung in den Verkehr gelangt ist. Das entspricht auch der Ratio der „Fullplastverfahren"-Entscheidung des Bundesgerichtshofs.[140] In der Entscheidung urteilte der Bundesgerichtshof, dass die Erschöpfung dadurch gerechtfertigt sei,

> *„daß der Schutzrechtsinhaber, der die unter Verwendung der geschützten Lehre hergestellte Sache in den Verkehr gebracht hat, dabei die Gelegenheit gehabt hat, die Vorteile wahrzunehmen, die ihm das Schutzrecht gewährt."*[141]

Diese Entscheidung ist dahin gehend zu verstehen, dass dem Patentinhaber *eine* Gelegenheit zur Wahrnehmung der Vorteile des Schutzrechts – „die Gelegenheit" in den Worten des Bundesgerichtshofs – zusteht und ihm hiernach keine zweite und dritte Gelegenheit der Verwertung des Schutzrechts ermöglicht werden soll.[142]

Das gilt umso mehr, da sich der erfinderische Wert einer patentierten Erfindung zumeist in dem Gegenstand nach dem Sachanspruch erschöpft und die weiteren parallelen Verfahrens- und Systemansprüche keinen neuen, patentwürdigen erfinderischen Gedanken beinhalten. Auch bei dem oben ausgeführten Beispielpatent ist Kern der Erfindung der Mikroprozessor nach Patentanspruch 1. Der Betrieb des Mikroprozessors nach Verfahrensanspruch 10 schützt den

---

138 Osterrieth, Patentrecht, Rn. 657.

139 Osterrieth, Patentrecht, Rn. 657; Pitz, Patentverletzungsverfahren, Teil 4. Rechtsansprüche des Patentinhabers und Einwendungen des Verletzers, Rn. 68.

140 BGH, GRUR 1980, 38, 39 – Fullplastverfahren.

141 BGH, GRUR 1980, 38, 39 – Fullplastverfahren.

142 So auch Haft/von Samson-Himmelstjerna, FS Reimann, S. 180.

bestimmungsgemäßen Betrieb des Mikroprozessors nach Patentanspruch 1 und der Systemanspruch 19 die einzig sinnvolle Verwendung des Mikroprozessors nach Patentanspruch 1. Die fehlende erfinderische Leistung von Verfahrensanspruch 10 und Systemanspruch 19 wird auch dadurch offensichtlich, dass sie isoliert nicht schutzfähig wären. Wenn der Mikroprozessor bereits zum Stand der Technik gehörte, wäre sein bestimmungsgemäßer Betrieb und seine bestimmungsgemäße Verwendung nicht mehr patentfähig, da sie für sich genommen keine Erfindung beinhalten.

Folglich soll nun untersucht werden, auf welchen dogmatischen Wegen diese Möglichkeit der Doppelverwertung sinnvoll und sachgerecht behandelt werden kann.

Das Problem stellt sich bei Verfahrensansprüchen jedoch in anderer Form als bei Systemansprüchen. Während bei Systemansprüchen durch die Möglichkeit der Patentierung in mehreren Kategorien die genannten Doppelverwertungsmöglichkeiten entstehen, setzt die Problematik bei Verfahrensansprüchen an einem vorgelagerten Punkt an: Hier ist bereits streitig, ob Ansprüche auf ein Verfahren überhaupt der Erschöpfungsdogmatik unterliegen. Wenn konkrete Gegenstände oder ein aus Gegenständen bestehendes konkretes System in den Verkehr gebracht wird, kann ein Erschöpfungsereignis bestimmt werden. Bei Verfahrensansprüchen ist es hingegen fraglich, ob ein Verfahren überhaupt in den Verkehr gebracht werden kann. Ist das nicht der Fall, stellt sich schon die Frage nach einem Erschöpfungsereignis, an das die Erschöpfungswirkung angeknüpft werden kann. Um den einzelnen Facetten besser Rechnung tragen zu können, werden die Rechtsprobleme der Erschöpfung und der Doppelverwertung für die beiden Patentkategorien im Folgenden getrennt begutachtet.

E. Erschöpfungsproblematik bei Systemansprüchen

I. Einleitung

Die Frage der Doppelverwertungsmöglichkeit stellt sich bei Systemansprüchen, wenn sie mit einem Sachanspruch als Hauptanspruch kombiniert werden. Der Hauptanspruch bezieht sich in diesem Fall auf einen Patentgegenstand, der Systemanspruch auf den Einbau und die Verwendung dieses Patentgegenstandes in einem System.

Systemansprüche sind oftmals Nebenansprüche zu einem Sachanspruch als Hauptanspruch. Patentrechtliche Nebenansprüche sind von dem Hauptanspruch selbstständig, in Abgrenzung zu den patentrechtlichen Unteransprüchen schützen sie nicht eine besondere Ausführungsform des Hauptanspruchs, sondern fügen diesem etwas hinzu.[143] Bei einem Systemanspruch hingegen liegt das Erfinderische in der Verwendung des Gegenstandes innerhalb eines Systems, also in der Kombination mit anderen Systemkomponenten.

Auf den ersten Blick erscheint es daher sachgerecht, dem Patentinhaber sowohl ein Patent auf seine gegenständliche Erfindung zuzugestehen, als auch auf die Kombinationen dieser Erfindung mit einem System. Folglich müsste der Patentinhaber sowohl von dem Sachpatent als auch von dem Systempatent profitieren können.

Dies gilt jedoch nur solange der Systemanspruch tatsächlich eine über den Sachanspruch hinausgehende Erfindung beinhaltet. Das ist der Fall, wenn in der Kombination des Patentgegenstandes mit einem bestimmten System eine neue, erfinderische Erkenntnis liegt, die den Stand der Technik bereichert. Nur dann ist nach den Patentrechtstheorien die Gewährung eines Ausschließlichkeitsrechts für den Patentinhaber gerechtfertigt.

Grundsätzlich prüft das Patentamt diese erfinderische Leistung bei Erteilung des Patents. Der Mikroprozessor Entscheidung des Bundesgerichtshofs ist jedoch zu entnehmen, dass im Fall von Systemansprüchen als Nebenanspruch zu dem Hauptanspruch die Schutzfähigkeit auch dann gegeben ist, wenn der Systemanspruch dem Hauptanspruch nur Unwesentliches hinzufügt.[144] Es ist also keine über die Erfindung des Hauptanspruchs hinausgehende weitere

143 Mes, Patentrecht, § 34, Rn. 37.

144 BGH GRUR 2006, 748 – Mikroprozessor.

erfinderische Leistung erforderlich, um einen Systemanspruch als Nebenanspruch schützen zu lassen. Als Konsequenz ist das im System verwendete patentgemäße Erzeugnis in diesen Fällen auch für den Systemanspruch allein schutzbegründend.

Zur Veranschaulichung folgendes Beispiel: In einem Endgerät – beispielsweise einem Mobilfunkgerät – ist ein neu entwickelter Chip verbaut. Dieser neue Chip stellt eine Erfindung im Sinne des Patentgesetzes dar. Demnach müsste auf Antrag des Erfinders ein Sachpatent für den Chip erteilt werden. Der Erfinder beantragt jedoch über das Sachpatent hinaus auch ein Systempatent, welches den Einbau und die Nutzung dieses Chips in einem Mobilfunkgerät schützt. Alle anderen Komponenten des Mobilfunkgerätes sind bereits bekannt und gehören zu dem Stand der Technik. Der Kerngedanke der Erfindung liegt auch bei dem Systemanspruch ausschließlich in dem Chip, der durch den Sachanspruch bereits geschützt ist.

Hier erscheint es nicht sachgerecht, dem Patentinhaber ein Vorgehen sowohl aus dem Sachanspruch als auch zusätzlich aus dem Systemanspruch zuzugestehen. Tatsächlich hat er nur eine Erfindung gemacht – den Gegenstand des Sachanspruches – und hat durch das Inverkehrbringen der patentgemäßen Sache seine Belohnung erhalten. Erhielte er auch für den nur unwesentlich über den Sachanspruch hinausgehenden Systemanspruch ein zweites Verwertungsrecht, bekäme er letztlich für *eine* Erfindung die Möglichkeit der zweifachen Verwertung. Dies widerspricht dem Grundgedanken des Patentrechts. Das Verwertungsmonopol des Patentinhabers würde erweitert, ohne dass der Patentinhaber hierfür den Stand der Technik weitergehend bereichert hätte.

Die beschriebene Problematik ergibt sich vor allem im Hochtechnologiebereich, insbesondere bei komplexen Produkten der Daten-, Kommunikations- und Informationstechnik wie Computern, Mobiltelefonen oder den sogenannten „Smart Objects" wie beispielsweise den mit umfassender Computertechnik ausgestatteten Smart TVs. Hier finden sich oftmals Patente auf ein Bauteil eines Computers, darüber hinaus wird der Einbau dieses Bauteils in das Computersystem geschützt. Computer und Mobilfunkgeräte bestehen aus einer Vielzahl an Komponenten in Form von Prozessoren, Chips, Speichern sowie den äußeren Bauteilen wie Bildschirm, Tastatur und Headsets. Einzige sinnvolle und bestimmungsgemäße Verwendung dieser Bauteile und Geräte ist der Einbau in ein Computer- oder Mobilfunksystem.

Gerade hier ist die Problematik der Doppelverwertung besonders bedeutsam. Gesteht man dem Patentinhaber zu, sowohl aus seinem Erzeugnisanspruch auf das Bauteil als auch ein weiteres Mal aus seinem Systemanspruch vorzugehen, räumt man ihm eine starke Machtposition ein. Im Ergebnis könnte der Patentinhaber zunächst die Bauteile vertreiben, diese würden in einen Computer oder ein Mobiltelefon eingebaut. Wenn die Endgeräte auf den Markt gebracht werden sollen, könnte der Patentinhaber nun aus seinem Systemanspruch vorgehen und den Verkauf verbieten. Mit diesem Drohpotential kann er gegebenenfalls eine weitere, beträchtliche Lizenzzahlung erwirken.

Gesamtsysteme bestehen aus einer Vielzahl von Einzelkomponenten. Diese werden über der gesamten globalisierten Welt hinweg regelmäßig arbeitsteilig in mehreren Fertigungsstufen zusammengesetzt. Einzelne Unternehmen produzieren hierbei nur Teilkomponenten, die von weiteren Unternehmen eingekauft und schließlich Stück für Stück zu dem Endprodukt zusammengesetzt werden. Diese Abfolge nennt man Wertschöpfungskette.[145]

Es würde den Vertrieb der Produkte fast unmöglich machen, wenn das Unternehmen, das die Einzelteile von verschiedenen Zulieferern ankauft und zu dem Endprodukt (beispielsweise einem Computersystem) zusammensetzen lässt, für jeden Komponenten prüfen muss, ob neben dem Sachpatentanspruch auch ein Systempatentanspruch besteht, aus dem der Patentinhaber noch vorgehen könnte.

Das kann nicht sachgerecht sein. Im Folgenden soll daher geprüft werden, wie diesem Problem dogmatisch begegnet werden kann.

---

145 Siehe hierzu auch Meibom/Meyer, FS Mes, S. 255.

II. Eingeschränkte Erschöpfungslehre / Ausgangspunkt

1. Ansatz

Das dieser Arbeit zugrunde liegende Problem fußt in der strengen Anwendung der Erschöpfungsregeln durch die vorherrschende Lehre in Rechtsprechung und Literatur. Die herrschende Auslegung und Anwendung des Erschöpfungsgrundsatzes wird im Folgenden als „Eingeschränkte Erschöpfungslehre“ bezeichnet.[146]

a. Rechtsprechung

Im Folgenden wird ein Überblick über die Rechtsprechungsentwicklung gegeben, welche die Eingeschränkte Erschöpfungslehre maßgeblich geprägt hat. Die nachfolgend besprochene Rechtsprechung beschäftigt sich zu einem maßgeblichen Teil mit der Frage der Erschöpfung bei einer Teillieferung eines komplexen Patents, einer etwas anders gelagerten Konstellation.

Die in dieser Rechtsprechung entwickelten Grundsätze finden jedoch ebenfalls auf den hier besprochenen Fall eines Nebenanspruchs in Form eines Systemanspruchs Anwendung. In der Konstellation eines Sachanspruchs als Hauptanspruch und eines Systemanspruchs als Nebenanspruch, in der der Systemanspruch den Gegenstand nach dem Hauptanspruch schützt, liegt im technischen Sinne auch eine Teillieferung mit Blick auf den Systemanspruch vor, wenn lediglich die Sache nach dem Hauptanspruch geliefert wird. Der patentgemäße Gegenstand nach dem Hauptanspruch stellt gerade den (oftmals wesentlichen) Teil des Systemanspruchs dar.

aa. Prospekthalter

Bereits in seiner Entscheidung „Prospekthalter“[147] aus dem Jahr 1996 stellte der Bundesgerichtshof klar, dass auch nach Inkrafttreten der Novellierung des Patentgesetzes im Jahr 1981 die zuvor von der Rechtsprechung entwickelten Grundsätze zur Erschöpfung weiter Geltung beanspruchen.[148]

Hiernach gilt,

> *„daß eine die Rechtswidrigkeit dieser Benutzung ausschließende Erschöpfung des Patentrechts voraussetzt, daß der Gegenstand der Benutzung in deren Umfang durch den Patentinhaber oder mit seiner Erlaubnis durch einen Dritten in den Verkehr gebracht wurde.“*[149]

---

146 So auch Von Meibom/Meyer, FS Mes, S. 260.
147 BGH X ZR 72/94, NJW-RR 1997, 421 ff.
148 BGH X ZR 72/94, NJW-RR 1997, 421.
149 BGH X ZR 72/94, NJW-RR 1997, 421.

Zur Feststellung, ob das Patent in einer die Verletzung ausschließenden Weise erschöpft war, bestimmte der Bundesgerichtshof in seiner Entscheidung zunächst den Schutzbereich des Patents durch sorgfältige Auslegung der Patentansprüche. In einem zweiten Schritt ermittelte er die exakten Grenzen der durch den Patentinhaber erteilten Zustimmung zum Inverkehrbringen.[150] Das Patent sei nur insofern erschöpft, als der Gegenstand des Patents mit Zustimmung des Patentinhabers in den Verkehr gebracht wurde. Durch genaue Auslegung sei zu bestimmen, welcher Gegenstand nach der Zustimmung des Patentinhabers in den Verkehr gebracht werden durfte und welche Patentansprüche oder Teile des Patents dieser Gegenstand verwirklicht. Nur in diesen Teilen sei das Patent erschöpft.[151]

Im zu entscheidenden Fall war ein Prospekthalter nach Patentanspruch 1 Gegenstand des Patents, auf das das Verletzungsverfahren gestützt wurde.

Patentanspruch 1 lautete:

> „1. Haltevorrichtung (1) für Prospekte u dgl. Flachmaterial,
> die an einer im wesentlichen senkrechten Wand od. dgl. Befestigungsunterlage (23) anbringbar ist und
> zur zumindest in ihren oberen Endbereichen sichtbaren Aufnahme der Prospekte mehrere schuppenartig untereinander angeordnete, jeweils einen gleichen waagerechten Abstand von der Befestigungsunterlage (23) einnehmende Einstecktaschen (10) darbietet,
> die jeweils unter einem spitzen Winkel gegenüber der Befestigungsunterlage (23) nach oben schräggestellte Vorder- und Rückseiten aufweisen,
> wobei die Haltevorrichtung (1) einen an der Befestigungsunterlage (23) anbringbaren Grundkörper (2), der in seinen Abmessungen im Wesentlichen auf die einer Einstecktasche (10) begrenzt ist,
> und eine Mehrzahl von Aufsatzkörpern umfaßt,
> die ihrerseits jeweils in ihren Abmessungen im wesentlichen auf die einer Einstecktasche (10) begrenzt und mit senkrechtem Versatz derart lösbar verbindbar sind,
> daß der Grundkörper (2) eine Rückseite einer nächstunteren Einstecktasche (10) bildet, deren Vorderseite von dem nächstunteren Aufsatzkörper (6) gebildet ist,
> und die sich nach unten anschließenden Aufsatzkörper (6) jeweils zugleich eine Vorderseite einer oberen Einstecktasche (10) und eine Rückseite einer nächstunteren Einstecktasche (10) bilden,
> dadurch gekennzeichnet, daß eine lösbare Verbindung der Aufsatzkörper (6) sowohl miteinander als auch mit dem Grundkörper (Z) vorgesehen ist. (…)“[152]
>
> (Absätze durch die Autorin)

150 BGH X ZR 72/94, NJW-RR 1997, 422.
151 BGH X ZR 72/94, NJW-RR 1997, 422.
152 BGH X ZR 72/94, NJW-RR 1997, 421.

Verschiedene Unteransprüche schützten Unterformen des Prospekthalters. Unter anderem wurde in Patentanspruch 8 der Prospekthalter mit Zwischenböden, die eine Unterteilung des Prospekthalters ermöglichten, geschützt:

> „8. Vorrichtung nach einem der Ansprüche 1 bis 7,
> dadurch gekennzeichnet, daß die Einstecktiefe der Einstecktaschen (10) durch lösbar zwischen aneinandergrenzende Aufsatzkörper (6)
> oder der Grundkörper (2) und dem nächstangrenzenden Aufsatzkörper einsetzbare Zwischenteile (18)
> veränderbar ist.“[153]
>
> (Absätze durch die Autorin)

Mit Zustimmung des Patentinhabers vertrieben mehrere Lizenznehmer den Prospekthalter ohne Zwischenböden. Der vertriebene Prospekthalter verfügte jedoch über Vorsprünge, die das Einsetzen von Zwischenböden möglich machten. Die Beklagte vertrieb sowohl einzelne Zwischenböden zum Einsatz in den Prospekthalter als auch den patentgemäßen Prospekthalter mit eingesetzten Zwischenböden. Die Prospekthalter ohne Zwischenböden hatte sie von einem Lizenznehmer des Patentinhabers erworben und die Zwischenböden selbst eingesetzt.

Der Patentinhaber trug vor, dass die Beklagte Patentanspruch 8 verletze. Lediglich an dem Prospekthalter ohne Zwischenböden habe sich das Patent erschöpft, der Vertrieb des Prospekthalters mit Zwischenböden verletze ihr Patent nach Patentanspruch 8.[154]

Der Bundesgerichtshof legte den Schutzumfang des Patentanspruchs 8 genau aus: Nach dem Inhalt des Patentanspruchs 8 sei nicht ein Prospekthalter mit eingesetzten Zwischenböden, sondern ein Prospekthalter, der zur Aufnahme von Zwischenböden geeignet sei, geschützt.[155] Für den Patentinhaber sei diese Auslegung auch erkennbar günstiger: Er könne so bereits gegen den Vertrieb von patentgemäßen Prospekthaltern, die nur zur Aufnahme von Zwischenböden geeignet sein, vorgehen und müsse nicht erst abwarten, ob tatsächlich Zwischenböden eingesetzt würden.[156]

Einen solchen – zur Aufnahme von Zwischenböden geeigneten – Prospekthalter hätten die Lizenznehmer jedoch bereits mit Zustimmung des Patentinhabers in den Verkehr gebracht. Es sei unerheblich, ob dem Patentinhaber bei Erteilung seiner Zustimmung im Rahmen des Lizenzvertrages bewusst gewesen

---

153 BGH X ZR 72/94, NJW-RR 1997, 421.
154 BGH X ZR 72/94, NJW-RR 1997, 421.
155 BGH X ZR 72/94, NJW-RR 1997, 422.
156 BGH X ZR 72/94, NJW-RR 1997, 422.

sei, dass er auch einen Prospekthalter nach Patentanspruch 8 lizenziere. Die klaren Umstände ließen keinen Raum für eine andere Auslegung. Folglich sei ein Prospekthalter nach Patentanspruch 8 mit Zustimmung des Patentinhabers in den Verkehr gelangt, Patentanspruch 8 sei erschöpft.[157]

Es bleibt als Erstes festzuhalten, dass die genaue Bestimmung sowohl der geschützten Erfindung als auch dessen, was durch den Patentinhaber oder mit seiner Zustimmung in den Verkehr gelangt ist, entscheidend für die Bestimmung der Reichweite der Erschöpfungswirkung ist.

bb. Flügelradzähler

In der Entscheidung Flügelradzähler[158] aus dem Jahr 2004 nahm der Bundesgerichtshof unter anderem auch zur Erschöpfung bei der Teillieferung eines Kombinationspatents Stellung.

In dem der Entscheidung zugrunde liegenden Fall ging es um ein Patent auf einen Flügelradzähler, der die Durchflussmenge einer Flüssigkeit erfasst.[159] Diese Zähler werden insbesondere bei der Messung des Wasserverbrauchs eingesetzt. Der patentgemäße Flügelradzähler bestand aus zwei Hauptbestandteilen: Das Gehäuse mit einem Ein- und Auslass für den Durchfluss der zu messenden Flüssigkeit, sowie eine Messeinheit, die mit einem speziellen Gewinde in das Gehäuse eingelassen wird. Die Messeinheit bestand aus einem Messbecher, einem Flügelrad sowie einem Zählwerk und war abnehmbar an dem Gehäuse angebracht.[160] Hierdurch konnte sie separat ausgetauscht oder geeicht werden, ohne dass das gesamte Gehäuse aus der Wand entfernt oder austauscht werden muss.[161]

Patentanspruch 1 lautet:

„Flügelradzähler, mit einem Gehäuse (64),
in dem ein Einlaß (66) und ein Auslaß (68) ausgebildet ist,
mit einem vom Gehäuse (64) umgebenen Meßbecher (14),
in dem ein Flügelrad gelagert ist,
das mit einem Zählwerk (16) verbunden ist,
wobei eine den Meßbecher (14), das Flügelrad (26) und das Zählwerk (16) aufweisende Einheit abnehmbar an dem Gehäuse (64) angebracht ist,
dadurch gekennzeichnet, daß in dem Gehäuse (64) ein Einsatz (40) mit einer schrägen, auf den Meßbecher (14) zu weisenden, sich an dem Einlaß (66) anschließenden

157 BGH X ZR 72/94, NJW-RR 1997, 422.
158 BGH X ZR 48/03.
159 BGH X ZR 48/03, S. 6.
160 BGH X ZR 48/03, S. 6.
161 BGH X ZR 48/03, S. 6.

Anströmfläche (44) angeordnet ist, gegen welchen der Meßbecher (14) sich dichtend abstützt."

(Absätze durch die Autorin)

Laut Patentschrift wurde durch die Erfindung ein kostengünstiger, hydrodynamisch verbesserter Flügelradzähler geschaffen, der aufgrund seiner besonderen Konstruktion weniger zur Kalkbildung und folglich auch weniger zum Festbacken neige.[162] Die Klägerin vertrieb Flügelradzähler sowohl zur auf-Putz als auch unter-Putz Montage mit dem nur von ihr verwendeten Gewinde zur Aufnahme der Messeinheit.[163] Die Beklagte vertrieb ebenfalls mit diesem Spezialgewinde versehene Messeinheiten, welche in den Flügelradzähler der Klägerin geschraubt werden konnten.[164] Die Klägerin trug unter Hinweis auf § 10 PatG vor, dass die Beklagte durch den Vertrieb der Messeinheiten ihr Patent mittelbar verletzte.

Gemäß § 10 Abs. 1 PatG gilt Folgendes:

„Das Patent hat ferner die Wirkung, daß es jedem Dritten verboten ist, ohne Zustimmung des Patentinhabers im Geltungsbereich dieses Gesetzes anderen als zur Benutzung der patentierten Erfindung berechtigten Personen Mittel, die sich auf ein wesentliches Element der Erfindung beziehen, zur Benutzung der Erfindung im Geltungsbereich dieses Gesetzes anzubieten oder zu liefern, wenn der Dritte weiß oder es auf Grund der Umstände offensichtlich ist, daß diese Mittel dazu geeignet und bestimmt sind, für die Benutzung der Erfindung verwendet zu werden."

Der Bundesgerichtshof befasste sich mit verschiedenen Fragen des Rechtsstreits, so etwa, ob durch eine abgewandelte Form der Messeinheiten eine äquivalente Benutzung des Patents vorliege und ob die Messeinheiten wesentliches Element der Erfindung im Sinne des § 10 PatG darstellten.

Der Bundesgerichtshof musste sich auch mit der Frage der Erschöpfung befassen:

In der Vorinstanz hatte das Berufungsgericht die mittelbare Patentverletzung verneint, da sich die Rechte der Klägerin an dem Patent erschöpft hätten. Die Klägerin verkaufte sowohl einzelne Gehäuse als auch Gehäuse in Kombination mit den Messeinheiten an ihre Kunden.[165] Die Beklagte lieferte die zu den Gehäusen passenden – isoliert betrachtet – patentfreien Messeinheiten an die Kunden, die Messeinheiten entsprachen dem Stand der Technik und waren gemeinfrei.[166] Das Berufungsgericht argumentierte, dass sich bei den Kunden der Klägerin folglich

162 BGH X ZR 48/03, S. 7.
163 BGH X ZR 48/03, S. 4.
164 BGH X ZR 48/03, S. 4.
165 BGH X ZR 48/03, S. 15.
166 BGH X ZR 48/03, S. 16.

zwei patentfreie Gegenstände befänden: das Gehäuse, an dem sich das Patentrecht durch die Lieferung durch die Patentinhaberin erschöpft habe sowie die Messeinheit, die für sich genommen gemeinfrei sei.[167] Diese zwei patentfreien Gegenstände würden durch den Kunden zu dem patentgemäßen Flügelradzähler kombiniert. Das sei keine dem Patentinhaber vorbehaltene Herstellung des Patentgegenstandes, denn es handele sich um ein aus Gehäuse und Messeinheit bestehendes Kombinationserzeugnis, dessen Messeinheit planmäßig ausgetauscht werden müsse, sodass der wesentliche Erfindungsgedanke nicht in der Messeinheit, sondern in dem Gehäuse verwirklicht sei.[168] Das Berufungsgericht stützte sich mit Blick auf die Erschöpfung auch auf die Entscheidung des Bundesgerichtshofes in der Sache „Prospekthalter". Auch hier sei nur ein Teil geliefert worden, der Patentanspruch jedoch insgesamt erschöpft gewesen. Für die Fälle, in denen der Kunde nur das Gehäuse, ohne Messeinheit, jedoch mit der Möglichkeit zum Einsatz einer Messeinheit, erworben hat, zieht das Berufungsgericht Parallelen zu dem Prospekthalter, der ebenfalls ohne Zwischenböden, jedoch mit der Möglichkeit zum Einsatz von Zwischenböden ausgeliefert wurde.

Dieser Auslegung trat der Bundesgerichtshof entgegen. Das Berufungsgericht habe verkannt, dass es sich in der Entscheidung Prospekthalter gerade nicht um eine Teillieferung gehandelt habe, die zur Erschöpfung des gesamten Patentanspruchs geführt habe. Im Fall des Prospekthalters war das Patent nach der Entscheidung des Bundesgerichtshofs erschöpft, da der Patentanspruch nach einer genauen Auslegung lediglich einen Prospekthalter mit der Möglichkeit zum Einsatz von Zwischenböden schützte. Folglich sei der Anspruch durch das Inverkehrbringen des Prospekthalters mit der vorgesehenen Möglichkeit zum Einsatz von Zwischenböden erschöpft, da der gesamte patentierte Gegenstand in den Verkehr gebracht worden war.[169] Demgegenüber umfasst das streitgegenständliche Patent des Flügelradzählers einen Flügelradzähler bestehend aus Gehäuse und Messeinheit. Durch die Lieferung der isolierten Gehäuse habe sich das Patent folglich nicht erschöpft.

Der Bundesgerichtshof betonte in der Entscheidung „Flügelradzähler" den Grundsatz, dass die Erschöpfung nur an das konkrete Inverkehrbringen anknüpft und sich nicht auf weitere, nicht mitgelieferte Teile des Kombinationspatents erstreckt: Das Patent erschöpft sich nur an dem tatsächlich gelieferten Teil der Erfindung.[170]

167 BGH X ZR 48/03, S. 16.
168 BGH X ZR 48/03, S. 16.
169 BGH X ZR 48/03, S. 18.
170 BGH X ZR 48/03.

cc. Instanzgerichtliche Rechtsprechung

In der instanzgerichtlichen Rechtsprechung, insbesondere des Landgerichts sowie des Oberlandesgerichts Düsseldorf, wurde dieser Grundsatz noch klarer formuliert.

So entschied das LG Düsseldorf bereits 2002 in der Sache „Profilstäbe“[171]:

> *„[Die] patentrechtliche Erschöpfung tritt jedoch allein hinsichtlich der vom Berechtigten tatsächlich in Verkehr gebrachten Gegenstände ein.*[172] *[...] Allein durch das Inverkehrbringen eines Teiles einer patentgeschützten Vorrichtung tritt – entgegen der Auffassung der Beklagten – aber noch keine Erschöpfung hinsichtlich der Gesamtvorrichtung ein. Erschöpfung kann stets nur in dem Umfang vorliegen, in welchem der Patentinhaber oder die von ihm autorisierte Person durch das Inverkehrbringen des patentgeschützten Gegenstandes von seinem Schutzrecht Gebrauch macht.“*[173]

Dem folgte auch das Oberlandesgericht Düsseldorf in der Sache „Einkaufswagen“[174] aus dem Jahr 2003. In dem zugrunde liegenden Fall betraf das Klagepatent einen Einkaufswagen mit einem speziellen Münzschloss. Die Beklagte verkaufte mit dem speziellen Münzschloss versehene Einkaufswagen. Sie hatte allerdings nur das Münzschloss von einem Dritten erworben, welcher es mit Zustimmung der Patentinhaber verkaufte. Das Münzschloss hatte die Beklagte sodann an eigene Einkaufswagen angebracht. Das Oberlandesgericht Düsseldorf urteilte, dass das Patentrecht nur dann erschöpft sei, wenn der Einkaufswagen mit dem Münzschloss mit Zustimmung der Patentinhaberin in den Verkehr gelangt sei.[175]

Das Landgericht Düsseldorf hat diese Rechtsprechung kontinuierlich fortgeführt.[176]

b. Objektbezogenheit der Erschöpfung

Die Erschöpfung knüpft nach der zuvor dargestellten Rechtsprechung an das konkrete Inverkehrbringen an, nur der tatsächlich in den Verkehr gebrachte Teil der Erfindung unterliegt der Erschöpfung.

---

171 LG Düsseldorf 4 O 762/00.

172 LG Düsseldorf 4 O 762/00, S. 5, Rn. 23.

173 LG Düsseldorf 4 O 762/00, S. 5, Rn. 27.

174 OLG Düsseldorf I-2 U 75/02.

175 OLG Düsseldorf I-2 U 75/02, S. 7 Rn. 64.

176 Vgl. LG Düsseldorf 4a O 124/05, BeckRS 2008, 07732; LG Düsseldorf 4a O 113/06, BeckRS 2012, 03511 – GPRS-Mobiltelefone; LG Düsseldorf 4a 231/06 – GPRS-Mobiltelefone II; LG Düsseldorf, 4a 232/06 – GPRS-Mobiltelefone III; LG Düsseldorf 4a 233/06 – Wahlwiederholung.

In dem dieser Arbeit zugrunde liegenden Problemfall wird lediglich der sachpatentgemäße Gegenstand in den Verkehr gebracht. Dieser stellt einen – sogar *den* – wesentlichen Teil des patentgeschützten Systems dar. Das gesamte System hingegen wird nicht in den Verkehr gebracht. Das Inverkehrbringen des Patentgegenstandes wirkt sich folglich bei der strikten Anwendung der eingeschränkten Erschöpfungsdogmatik nicht auf den Systemanspruch aus.

Dieses der eingeschränkten Erschöpfungslehre zugrunde liegende Prinzip nennt sich Objektbezogenheit der Erschöpfung.[177] Die Objektbezogenheit hat zwei Facetten:

Sie bedeutet erstens, dass bei Inverkehrbringen eines patentgemäßen Gegenstandes nicht das Patent an sich erschöpft wird. Die Erschöpfung wirkt nur auf diesen einen Gegenstand, der nach dem Inverkehrbringen durch den Patentinhaber selbst oder mit seiner Zustimmung frei gehandelt werden kann. Das dahinterstehende Patent bleibt jedoch in Kraft. Die Herstellung und der Vertrieb eines anderen als den in Verkehr gebrachten Patentgegenstand ist weiterhin jedermann untersagt. Der Objektbezug bedeutet somit, dass sich das Patent nur an der konkret in den Verkehr gebrachten Sache erschöpft.[178]

Zweitens bedeutet der Objektbezug, dass die Erschöpfung nur in dem Umfang eintritt, in dem der patentierte Gegenstand in den Verkehr gebracht wurde.[179] Die Erschöpfung soll nur so weit reichen, wie der Patentgegenstand vom Patentinhaber willentlich oder mit seiner Zustimmung in den Verkehr gebracht wurde.[180] Wird nur ein Teil eines patentierten Gegenstandes in den Verkehr gebracht, erschöpft sich das Patent somit nur an diesem Teil.[181]

Wendet man diesen Grundsatz konsequent auf den in dieser Arbeit behandelten Fall an, bewirkt das Inverkehrbringen der patentgemäßen Sache lediglich die Erschöpfung des Sachanspruchs. Der Systemanspruch bleibt hingegen bestehen, da er neben der patentierten Sache noch die weiteren Teile des Systems umfasst, die nicht in den Verkehr gebracht wurden.

---

177 Rinken/Kühnen, in: Schulte, § 9 Rn. 21.

178 LG Düsseldorf 4c O 98/13 – Oszillationsantrieb; Kühnen, Patentverletzung, Rn. 1781; Schulte-Rinken/Kühnen, Patentgesetz, § 9 Rn. 21; EuGH, GRUR 2010, 723, 724 f. – Coty Prestige/Simex Trading (Markenrecht).

179 Schulte-Rinken/Kühnen, Patentgesetz, § 9 Rn. 21.

180 Schulte-Rinken/Kühnen, Patentgesetz, § 9 Rn. 21.

181 Dies ist im Einzelnen jedoch umstritten, hierzu im Folgenden mehr.

c. *Beispielpatent*

Die Anwendung der eingeschränkten Erschöpfungslehre auf das Beispielpatent eines Mikroprozessors würde zu folgendem Ergebnis führen:

Bringt der Patentinhaber den patentgemäßen Mikroprozessor in den Verkehr, erschöpft sich Patentanspruch 1 (der Sachanspruch) an diesem Mikroprozessor. Der Käufer kann den Mikroprozessor weiterverkaufen, ohne dass der Patentinhaber dagegen vorgehen kann.

Wahrscheinlich möchte der Käufer den Mikroprozessor jedoch selbst nutzen. Mikroprozessoren werden in der Regel nicht isoliert verwendet, sondern müssen in ein technisches Gerät, beispielsweise einen Computer, eingebaut werden. Durch den Einbau des Mikroprozessors in einen Computer verwirklicht der Käufer Patentanspruch 19 des Patents. Bei Anwendung der eingeschränkten Erschöpfungslehre ist Patentanspruch 19 durch den Verkauf des Mikroprozessors nicht erschöpft. Der Mikroprozessor stellt nur einen Teil des durch Patentanspruch 19 geschützten Systems dar. Durch den Objektbezug der Erschöpfung tritt diese nur in dem Umfang ein, in dem die Teile des Patentanspruchs in den Verkehr gebracht wurden, hier also nur im Umfang des Mikroprozessors. Die weiteren Teile des Patentanspruchs 19 wurden nicht in den Verkehr gebracht, folglich ist Patentanspruch 19 nicht erschöpft und wird durch den Einbau des Mikroprozessors in ein Computersystem durch den Käufer verletzt.

Das führt zu der bereits erörterten Situation, dass der Patentinhaber dem Abnehmer den Einbau des Mikroprozessors in den Computer untersagen kann oder den Einbau von einer Lizenzzahlung abhängig machen kann.

d. *Kritik und Bewertung*

Der Systemanspruch würde sich bei strikter Anwendung des Erschöpfungsgrundsatzes demgemäß erst dann erschöpfen, wenn das gesamte System mit allen Komponenten wahlweise durch den Patentinhaber oder mit dessen Zustimmung in den Verkehr gebracht wurde. Ein Inverkehrbringen einzelner Teile, auch der maßgeblichen Teile, des Systems hätte keine Auswirkung auf die Erschöpfung. Nach der eingeschränkten Erschöpfungslehre soll dies sogar auch dann gelten, wenn der in den Verkehr gebrachte Teil fast die gesamte Erfindung oder den wesentlichen Teil der Erfindung darstellt.[182]

---

182 Von Meibom/Meyer, FS Mes, S. 259.

Dies führt zu dem aufgezeigten Problem einer möglichen unsachgerechten Doppelverwertung. Das widerspricht den Grundgedanken des Patentrechts und der Erschöpfungslehre. Die dargestellte Möglichkeit Lizenzgebühren an mehreren Stellen in der Verwertungs- und Absatzkette zu verlangen, stört das Gleichgewicht zwischen dem Erstvermarktungsmonopol des Patentinhabers auf der einen Seite und dem freien Warenverkehr auf der anderen Seite.

Sachlich gesehen handelt es sich bei dem Hauptanspruch und dem Systemanspruch um *eine* Erfindung, der Stand der Wissenschaft wurde durch das gesamte Patent lediglich um *einen* Fortschritt bereichert. Folgerichtig müsste dem Patentinhaber auch nur *eine* Belohnung zustehen. Die eine Erfindung wurde im Patentanspruch lediglich in verschiedenen Unterformen festgehalten, ohne dass weitere erfinderische Leistungen in den einzelnen Patentansprüchen zum Ausdruck kommen. Insbesondere die Verwendung des patentierten Gegenstandes in einem Gesamtsystem, das dem Gegenstand nichts Wesentliches oder Erfinderisches hinzufügt, stellt keinen Fortschritt dar, für den dem Patentinhaber eine weitere Verwertungsmöglichkeit gebührt. Das Einfügen des Patentgegenstandes in das System ergibt sich für den Fachmann oftmals bereits aus dem Erzeugnisanspruch. Der Fachmann liest das Hinzufügen der weiteren Teile des Systems gleichsam mit, da eine isolierte Nutzung des Patentgegenstandes nach dem Sachanspruch nicht möglich oder nicht sinnvoll ist.

Folglich führt die herrschende eingeschränkte Erschöpfungslehre in dem hier behandelten Fall zu unsachgemäßen Ergebnissen. Es soll deshalb im Folgenden nach alternativen Lösungsansätzen gesucht werden, die einen interessengerechten Ausgleich zwischen dem Monopol des Patentinhabers und dem freien Warenverkehr schaffen.

III. Patentierbarkeit

1. Erläuterung des Ansatzes

Eine erste Möglichkeit wäre dem Systemanspruch die Patentfähigkeit zu versagen, wenn er keinen eigenen Mehrwert bietet. Hierdurch würden die dargestellten Probleme bei der Anwendung der eingeschränkten Erschöpfungslehre vermieden, da eine parallele Patentierung des Sachanspruchs sowie des fast inhaltsgleichen Systemanspruchs bereits nicht mehr möglich wäre.

Für diesen Ausschluss der Patentierbarkeit spricht, dass nach den Patentrechtstheorien das Monopolrecht als Belohnung für die erfinderische Leistung vergeben wird und der Mehrung des Wissens dienen soll. Es soll den Erfinder anregen, erfinderisch tätig zu werden und seine Erfindung zu offenbaren.[183]

Der Erfinder hat durch seinen Systempatentanspruch als Nebenanspruch zu dem Hauptanspruch die Wissenschaft nicht weitergehend bereichert. Seine erfinderische Leistung liegt in dem Inhalt des Hauptanspruchs, wofür ihm das Ausschließlichkeitsrecht gebührt. Ein eigener Mehrwert des Systemanspruchs liegt demgegenüber nicht vor, wenn der Systemanspruch die gleichsam selbstverständliche Verwendung des Patentgegenstandes nach dem Hauptanspruch in einem System schützt.

Würde man dem Systemanspruch, der dem Sachanspruch als Hauptanspruch nur Selbstverständlichkeiten hinzufügt, die Schutzfähigkeit versagen, wäre das Problem der Doppelverwertung gelöst: der Patentinhaber bekäme lediglich ein Patent mit einem Sachanspruch zugesprochen. Er könnte gemäß § 9 Nr. 1 PatG gegen die unlizenzierte Herstellung und den Vertrieb der patentierten Sache vorgehen. Wenn er die Sache in den Verkehr bringt oder ein Dritter (beispielsweise ein Lizenznehmer) die Sache mit seiner Zustimmung verkauft, wäre der Sachanspruch erschöpft. Da dem Patentinhaber keine weiteren Ansprüche zustünden, könnte er gegen den späteren Einbau der Sache in ein System nicht vorgehen. Sowohl der direkte Abnehmer der Sache als auch die weiteren Käufer in der Absatzkette können diese ohne Einschränkung und Einwirkungsmöglichkeiten durch den Patentinhaber bestimmungsgemäß verwenden.

Auf den ersten Blick scheint sich diese Vorgehensweise als Lösung anzubieten. Fraglich ist jedoch, ob die Versagung der Schutzfähigkeit des Systemanspruchs insgesamt zu sachgerechten Ergebnissen führt.

---

183 Siehe hierzu bereits oben B. III. 2.

2. Behandlung in der Rechtsprechung

Die Frage der Patentierbarkeit des fast inhaltsgleichen Systemanspruchs lag der vorgenannten Mikroprozessorentscheidung zugrunde, in der das dargestellte Beispielpatent Streitgegenstand war.[184] Die Frage wurde mithin höchstrichterlich entschieden.

Der Erzeugnisanspruch, Patentanspruch 1, umfasste den Mikroprozessor einschließlich Speicher. Der Systemanspruch, Patentanspruch 19, umfasste ebenfalls diesen Mikroprozessor mit Speicher. Es wurde lediglich ein Bus zum Austausch der Informationen zwischen dem Mikroprozessor und dem Speicher hinzugefügt. Ein solcher Bus ist seit Langem bekannt und findet millionenfach Anwendung in Computersystemen, es handelt sich um die Standardlösung zur Kommunikation zwischen einem Mikroprozessor und einem Speicher.

Ein Fachmann auf dem Gebiet der Computertechnik hätte diesen Bus intuitiv bei der Lektüre des Erzeugnisanspruchs mitgelesen. Es wäre für ihn selbstverständlich gewesen, dass der patentgemäße Mikroprozessor sowie der Speicher aus Patentanspruch 1 für einen sinnvollen Einsatz miteinander kommunizieren müssen. Eine solcher Datenaustausch müsste ebenso selbstverständlich durch einen Bus erfolgen. Mit den Worten des Bundespatentgerichts gesprochen, ist das Hinzufügen des Buses zur Gewährleistung der Kommunikation zwischen Mikroprozessor und Speicher „trivial" und enthält folglich keine eigene erfinderische Leistung.

Aus diesem Grund versagte das Bundespatentgericht dem Systemanspruch nach Patentanspruch 19 die Schutzfähigkeit.[185] Das entspricht dem dargestellten Ansatz der Versagung der Patentierbarkeit.

Diesem Weg ist der Bundesgerichtshof jedoch nicht gefolgt. Stattdessen hat dieser entschieden, dass im Fall von Systemansprüchen als Nebenanspruch zum Hauptanspruch die Schutzfähigkeit auch dann gegeben ist, wenn der Systemanspruch dem Hauptanspruch nur Unwesentliches hinzufügt.[186] Folglich wurde die Versagung der Patentierbarkeit des Systemanspruchs in der höchstrichterlichen Rechtsprechung abgelehnt. Dieser Linie ist im Anschluss an die Entscheidung des Bundesgerichtshofs auch das Bundespatentgericht gefolgt.[187]

---

184 BPatG, GRUR 2004, 320 (321) – Mikroprozessor; nachfolgend BGH GRUR 2006, 748 – Mikroprozessor.

185 BPatG, GRUR 2004, 320 (321) – Mikroprozessor.

186 BGH GRUR 2006, 748 – Mikroprozessor.

187 Siehe beispielsweise für inhaltsgleiche Vorrichtungs- und Verfahrensansprüche: BPatG 20 W (pat) 28/13.

3. Bewertung

Durch seine Entscheidung für die Patentierbarkeit stärkt der Bundesgerichtshof die Position des Patentanmelders, indem er ihm die Möglichkeit zugesteht, fast inhaltsgleiche Ansprüche nebeneinander anzumelden. Das erscheint mit Blick auf die Doppelverwertungsproblematik bedenklich. Für diese Entscheidung gibt es jedoch gute Argumente:

Wie dargestellt hat der Patentinhaber ein Interesse daran, seinen Patentanspruch möglichst breit zu formulieren, um gegen Patentverletzungen wirksam vorgehen zu können. Möglichen Nachahmern soll es erschwert werden, den Schutzbereich des Patents durch eine geschickte Abwandlung der Erfindung zu umgehen und so das Monopolrecht des Patentinhabers zu unterlaufen. Wäre dies möglich, würde das Monopolrecht des Patentinhabers entwertet. In pharmazeutischen Produkten fällt der Marktpreis üblicherweise um 40 %, sobald ein Nachahmer ein Generikum auf den Markt wirft.[188] Die Folge ist, dass der Patentinhaber seine Forschungs- und Entwicklungskosten nicht mehr amortisieren könnte. Anreiz- und Belohnungsfunktion der Patenterteilung greifen nicht mehr. Seinen Schaden kann der Patentinhaber nicht bei dem Nachahmer liquidieren, wenn dieser den Hauptanspruch des Patents geschickt umgangen hat und der Patentinhaber in der Folge nicht erfolgreich aus seinem Patent vorgehen kann. Es steht somit im Interesse der Allgemeinheit, dem Patentinhaber sein Patent in einem Umfang zu gewähren, der es ihm möglich macht, dieses effektiv und effizient durchzusetzen, da sich sonst die Investition in die Forschung für die Unternehmen nicht mehr rentiert.

Weit gefasste Patente – zum Beispiel durch eine Vielzahl von Unter- und Nebenansprüchen, die einen weiteren Schutzbereich als der Hauptanspruch abdecken – ermöglichen es dem Patentinhaber außerdem gegen eine größere Anzahl von Nachahmungen vorzugehen.[189] Liefern Marktteilnehmer lediglich Teile, die sich auf die verschiedenen Ansprüche des Patents beziehen, kann der Patentinhaber sie gegebenenfalls wegen mittelbarer Patentverletzung belangen. Der Kreis derer, bei denen sich er bei einer Patentverletzung schadlos halten

188 MITTEILUNG DER KOMMISSION – Zusammenfassung des Berichts über die Untersuchung des Arzneimittelsektors; S. 10, abrufbar unter http://ec.europa.eu/competition/sectors/pharmaceuticals/inquiry/communication_de.pdf (abgerufen am 07.01.2018).

189 Siehe zu den unterschiedlichen Schutzbereichen bei inhaltsgleichen Vorrichtungs- und Verfahrensansprüchen: BPatG 20 W (pat) 28/13.

könnte, ist somit weiter. Darüber hinaus kann er so auch effektiv bereits gegen die Zulieferer vorgehen und die Patentverletzung zu einem früheren Zeitpunkt unterbinden.

Oftmals ist das Vorgehen auch unproblematischer, wenn der Patentinhaber die Verletzung eines Unteranspruchs oder Nebenanspruchs vor Gericht geltend macht. Er kann dann gegebenenfalls die direkte wortsinngemäße Verletzung vortragen, was die Argumentation vereinfacht. Könnte sich der Patentinhaber hingegen lediglich auf einen allgemeiner gehaltenen Hauptanspruch stützen, müsste er möglicherweise argumentieren, dass der Nachahmer die Erfindung zwar nicht in der anspruchsgemäßen Form verwirklicht hat, jedoch eine äquivalente Patentverletzung vorliegt, da die Nachahmung die Grundgedanken der Erfindung übernimmt und lediglich abwandelt.[190] Hat der Patentinhaber die Abwandlung oder Kombination des Hauptanspruchs in einem Unter- oder Nebenanspruch konkret geschützt, bleibt ihm die mühselige Argumentation einer Äquivalenz erspart.

Darüber hinaus entspricht es gerade dem Charakter der Unter- und Nebenansprüche, dass sie nicht den gleichen Voraussetzungen wie der Hauptanspruch unterliegen. Sie müssen die strengen Voraussetzungen der Patentfähigkeit nicht im gleichen Maße erfüllen, insbesondere dürfen sie keine eigene Erfindung beinhalten.[191]

4. Ergebnis

Im Ergebnis kann die Einschränkung der Patentierbarkeit das Problem zwar lösen, führt aber zu einer unverhältnismäßigen Benachteiligung des Patentinhabers, dem lediglich ein deutlich schwächeres Patent zugestanden würde. Aus diesem Grund hat der Bundesgerichtshof sich für eine Patentierbarkeit fast inhaltsgleicher Haupt- und Systemansprüche ausgesprochen. Dieser Rechtsprechung ist mit Blick auf die berechtigten Interessen des Patentinhabers zuzustimmen und eine Lösung ist auf anderem Weg zu suchen. Als Anknüpfungspunkte bieten sich beispielsweise die Modifizierung der Erschöpfungsdogmatik oder eine vertragliche Gestaltung an.

---

190 Näher zur Äquivalenz und ihrer Voraussetzungen: Mes, Patentgesetz, § 14, Rn. 61 ff.

191 § 9 Abs. 5 und Abs. 6 PatV sowie die Einheitlichkeit der Patentanmeldung, § 34 Abs. 5 PatG.

IV. Vertragliche Lösung

1. Ansatz

Die Situation, dass die fast inhaltsgleichen Haupt- und Nebenansprüche nebeneinander patentierbar sind und bei Anwendung der strikten Erschöpfungslehre eine Doppelverwertung durch den Patentinhaber möglich ist, könnte durch die Parteien gegebenenfalls eigenständig aufgelöst werden.

Zu denken ist zum Beispiel an die selbstregulierenden Kräfte des Marktes. Hat ein Patentinhaber nach Verkauf eines Patentgegenstandes mehrfach Ansprüche auf Unterlassung oder auf zusätzliche Lizenzzahlung gegenüber seinem Abnehmer oder einem Abnehmer auf den nachgelagerten Stufen der Wertschöpfungskette geltend gemacht, weil diese den Patentgegenstand bestimmungsgemäß in ein System einfügen wollten, so ist davon auszugehen, dass sich sein Verhalten bei den Marktteilnehmern herumspricht und Dritte von dem Erwerb des Patentgegenstandes entweder absehen oder auf eine vertragliche Regelung zur Absicherung gegen die Doppelverwertung bestehen.

In einer vertraglichen Regelung könnten beispielsweise eine ausdrückliche Benutzungsbefugnis des Abnehmers sowie aller nachfolgenden Abnehmer geregelt werden. Zudem könnten weitergehende Ansprüche des Patentinhabers aus dem Patent ausgeschlossen werden oder es könnte festgelegt werden, dass mit der Zahlung des Kaufpreises für den Patentgegenstand alle weiteren Ansprüche aus dem Patent einschließlich der Nebenansprüchen mit abgegolten sind.

Die Parteien könnten eine für ihre Situation angemessene Einzelfallregelung treffen und es stünde dem Patentinhaber frei ausdrücklich festzulegen, wie weit er sich seiner Ansprüche begeben möchte. Der Abnehmer wiederum hätte Gewissheit, welche Berechtigungen er mit dem Kauf des Patentgegenstandes erwirbt.

2. Beispielpatent

Im Fall des Mikroprozessorpatents könnten die Parteien bei Verkauf des Mikroprozessors beispielsweise regeln, dass der Mikroprozessor durch den Abnehmer in ein Computersystem eingebaut werden darf, ohne dass hierfür weitere Ansprüche durch den Patentinhaber geltend gemacht werden. Bei einer selektiven Vertriebsstrategie könnte der Patentinhaber vertraglich durchsetzen, dass der Mikroprozessor nur in genau definierte Computersysteme eingebaut werden darf. Ebenso kann in den Vertrag aufgenommen werden, dass (bestimmte) Abnehmer auf einer späteren Stufe der Wertschöpfungskette ebenfalls berechtigt sind den Mikroprozessor in ein System einzufügen.

3. Kritik

Eine vertragliche Regelung kann im Einzelfall den in dieser Arbeit behandelten Fall der Doppelverwertung interessengerecht auflösen. Gerade bei großen Unternehmen und bedeutsamen Patenten ist davon auszugehen, dass die Parteien sämtliche Rechte und Pflichten bezüglich des Patentgegenstandes detailliert vertraglich regeln.

Dessen ungeachtet bietet die vertragliche Lösung nicht für jeden Fall eine rechtssichere Lösung. Die vertragliche Ausgestaltung hängt im Einzelfall stark von den Parteien und ihren Interessen ab. Hier kann man einwerfen, dass das gerade die Vertragsfreiheit widerspiegelt und so interessengerechte Lösungen für den konkreten Fall gefunden werden. Voraussetzung für eine vertragliche Lösung ist jedoch, dass den Parteien die Doppelverwertungsmöglichkeit im Zeitpunkt des Verkaufes überhaupt bekannt ist und somit in den Vertrag einfließen kann.

Auch dann ist jedoch nicht gesichert, dass eine interessengerechte Lösung gefunden wird. Oftmals wird für den Abnehmer keine gleichwertige Alternative zur Verfügung stehen, da der Patentinhaber durch sein Patent das Monopol auf die Erfindung sowie äquivalente Lösungen zu der Erfindung hält. Dieses Monopol führt zu einer schwächeren Verhandlungsposition des Abnehmers. Gerade bei Schlüsselpatenten kann ein Patentinhaber die vertraglichen Regelungen oftmals diktieren. In solchen Fällen wird der Patentinhaber auch nicht durch die Marktkräfte „abgestraft", wenn er sein Patent auf nachgelagerter Stufe erneut geltend macht, da schlicht Alternativanbieter fehlen, auf die die Abnehmer ausweichen können.

Eine vertragliche Regelung gilt darüber hinaus nur inter partes, also zwischen den Vertragsparteien. Abnehmer auf den nachgelagerten Stufen der Wertschöpfungskette können sich auf die Vereinbarung zwischen dem Patentinhaber und dem ersten Abnehmer in der Regel nicht berufen. Hierzu wäre ein Vertrag zugunsten Dritter notwendig, für den üblicherweise die Anhaltspunkte fehlen dürften. Das führt für die Abnehmer in der Wertschöpfungskette auch zu Beweisschwierigkeiten, da ihnen der Inhalt des Vertrages zwischen Patentinhaber und erstem Abnehmer normalerweise unbekannt ist.

Schließlich kommt es für eine rechtssichere Position zumindest des ersten Abnehmers auch immer auf die Formulierung des Vertrages an. Verträge sind der Auslegung zugänglich und der genaue Umfang von in den Verträgen geregelten Gestattungen führt im Streitfall regelmäßig zu Auslegungsschwierigkeiten. Ebenso können Verträge gekündigt werden, unwirksam geschlossen werden oder aus anderen Gründen nichtig sein oder werden.

Im Ergebnis kann eine vertragliche Regelung zwar zusätzliche Klarheit bringen und den Parteien für den Einzelfall sinnvolle (Zusatz-)Vereinbarungen ermöglichen. Eine interessengerechte und rechtssichere Lösung des Problems der Doppelverwertungsmöglichkeit kann eine vertragliche Regelung jedoch nicht in zuverlässiger Weise bieten.

V. Lizenzmodell

1. Ansatz

Den Problemen der strikten Anwendung des Erschöpfungsgrundsatzes bei parallelen Sach- und Systemansprüchen kann nach einer Ansicht durch die Fiktion einer konkludenten Lizenz zwischen dem Patentinhaber und dem ersten Abnehmer begegnet werden.[192] Ähnlich der soeben besprochenen vertraglichen Lösung sucht diese Ansicht ihre Begründung auf Grundlage einer rechtsgeschäftlichen Vereinbarung zwischen Patentinhaber und erstem Abnehmer. Da eine ausdrückliche vertragliche Regelung – wie soeben dargelegt – regelmäßig nicht zu erwarten ist, stellt sie auf eine konkludente Lizenzerteilung durch den Patentinhaber bei Verkauf des Patentgegenstandes ab.

a. Grundlagen

Zum besseren Verständnis des Lizenzmodells folgt zunächst eine kurze Erläuterung der wichtigsten Grundlagen der Lizenzdogmatik:

Im Bereich des Lizenzrechts sowie des Lizenzvertragsrechts findet sich eine Vielzahl noch ungeklärter Fragen, die auch für das Verständnis und die Bewertung des Lizenzmodells relevant sind. Von großem Interesse ist beispielsweise die Frage nach der Rechtsnatur der Lizenz. In der Literatur und Rechtsprechung wird nicht nur im Patentrecht, sondern auch im Marken – und Urheberrecht eine Diskussion um die „Dinglichkeit" der Lizenz geführt. Je nach Einordnung der Lizenz kann sich diese als starke oder schwache Rechtsposition für den Lizenznehmer darstellen. Das wiederum hat Einfluss auf die Bewertung des Lizenzmodells als Lösung der Problemstellung. Wie dargelegt[193] können auch richterliche Entscheidungen aus dem Marken- und Urheberrecht gegebenenfalls Übertragung auf das Patentrecht finden und somit für die Bewertung des Lizenzmodells relevant werden.

---

192 Kühnen, Patentrecht, Rn. 1538. Eine ähnliche Lösung wird von weiteren Literaturstimmen bei parallelen Sach- und Verfahrensansprüchen vertreten, jedoch soweit ersichtlich noch nicht auf den vergleichbaren Fall des parallelen Sach- und Systemanspruchs übertragen. Hierzu detailliert unter F. III. 2.

193 Siehe oben C. V.

aa. Definition

Zunächst ist zu klären, was eine Lizenz im Rechtssinn ist. Der Begriff der Lizenz ist nicht legaldefiniert. Sachlich räumt der Lizenzgeber bei der Lizenzvergabe dem Lizenznehmer die Befugnis ein, das Schutzrecht in einer Weise zu benutzen, die dem Schutzrechtsinhaber gesetzlich vorbehaltenen ist.[194] Sie wird deshalb in der Literatur als „Benutzungserlaubnis hinsichtlich des Schutzgegenstandes“[195] oder „Einräumung der Nutzungsbefugnis an einem fremden Recht“[196] definiert.

bb. Rechtsnatur

Die Frage nach dem Rechtscharakter der Lizenz, insbesondere ihrer „Dinglichkeit“[197], ist schon seit langem Gegenstand einer umfassenden Diskussion sowohl im Patentrecht als auch im Marken- und Urheberrecht.

Zugrunde liegt die Frage, ob die Lizenz rein schuldrechtlich vergeben wird oder einen dinglichen Charakter hat. Die Entscheidung für oder gegen den dinglichen Charakter der Lizenz hat weitreichende Folge für Lizenzgeber und -nehmer. Eine rein schuldrechtliche Lizenz würde lediglich Wirkung inter partes entfalten, während eine dingliche Lizenz gegenüber jedermann wirken würde.

cc. Lizenzvertragsrecht

Nachdem das Recht der Lizenz lange Zeit in Rechtsprechung und Literatur fortentwickelt wurde,[198] erfuhr es mit Wirkung zum 01. Januar 1981 eine gesetzliche Regelung in § 15 Abs. 2 und 3 PatG.[199]

Der Gesetzgeber hat den Bereich der Lizenzvergabe im Patentrecht nur kursorisch geregelt. Die Rechtsbeziehung zwischen Lizenzgeber und Lizenznehmer wird nur partiell in § 15 PatG ausgestaltet. In § 15 Abs. 2 PatG wird die Möglichkeit der Vergabe sowohl einfacher als auch ausschließlicher Lizenzen normiert. Hiernach kann sowohl an dem Recht auf das Patent, dem Anspruch auf Erteilung des Patents als auch dem Recht aus dem Patent eine einfache oder ausschließliche Lizenz erteilt werden.

---

194 Benkard-Ullmann/Deichfuß, Patentgesetz, § 15, Rn. 54.

195 Kraßer/Ann, Patentgesetz, § 40, Rn. 26; ähnlich Mes, Patentgesetz, § 15, Rn. 33 und Benkard-Ullmann/Deichfuß, Patentgesetz, § 15, Rn. 54.

196 Benkard-Ullmann/Deichfuß, Patentgesetz, § 15, Rn. 54.

197 Benkard-Ullmann/Deichfuß, Patentgesetz, § 15, Rn. 54.

198 Benkard-Ullmann/Deichfuß, Patentgesetz, § 15, Rn. 54.

199 Mes, Patentgesetz, § 15, Rn. 33.

Das Recht der Lizenz unterliegt in weiten Teilen dem Schuldrecht. Lizenzen können im Rahmen der Vertragsfreiheit mit unterschiedlichen Inhalten vereinbart werden. Sie können somit gleichermaßen im Patentrecht, im restlichen gewerblichen Rechtsschutz sowie im Urheberrecht in vielen Unterformen erteilt werden. Lizenzen können exklusiv oder einfach, national oder weltweit, auf eine bestimmte Stückzahl begrenzt oder unbegrenzt ausgestaltet werden. Der Vertragsfreiheit werden insbesondere Grenzen durch das Kartellrecht gezogen.[200]

dd. Lizenzarten

Es gibt verschiedene Lizenzarten. Die ausschließliche Lizenz verleiht dem Lizenznehmer eine umfassende Rechtsposition: Je nach Vertragsinhalt hat er das alleinige Recht zur Ausübung einzelner oder sogar aller Benutzungsbefugnisse an der Erfindung.[201] Diese Rechtsposition besteht selbst gegenüber dem Patentinhaber,[202] der in der Folge seine Benutzungsbefugnis verliert.[203] Dem Rechteinhaber verbleibt für die Dauer der Einräumung der ausschließlichen Lizenz lediglich „das seines Nutzungsrechts entkleidete formale Patentrecht“[204]. Fehlt eine entgegenstehende vertragliche Regelung, so ist der Lizenznehmer einer ausschließlichen Lizenz berechtigt, sämtliche Verbietungsrechte in Bezug auf das Patent im eigenen Namen geltend zu machen, er ist aktivlegitimiert.[205] Darüber hinaus ist er nach herrschender Ansicht zur Vergabe von (einfachen) Unterlizenzen berechtigt.[206]

Demgegenüber gestattet die einfache Lizenz schuldrechtlich lediglich die Benutzung.[207] Dem einfachen Lizenznehmer stehen weder Verbietungsrechte noch das Recht zur Unterlizenzerteilung zu.[208]

---

200 Benkard-Ullmann/Deichfuß, Patentgesetz, § 15, Rn. 246 ff.

201 Mes, Patentgesetz, § 15, Rn. 41.

202 Mes, Patentgesetz, § 15, Rn. 41, Benkard-Ullmann/Deichfuß, Patentgesetz, § 15, Rn. 90.

203 BGH GRUR 2008, 896, Rn. 35 – Tintenpatrone; BGH GRUR 1995, 338 – Kleiderbügel.

204 Benkard-Ullmann/Deichfuß, Patentgesetz, § 15, Rn. 61.

205 BGH GRUR 1995, 338, 340 – Kleiderbügel, Mes, Patentgesetz, § 15, Rn. 41.

206 Benkard-Ullmann/Deichfuß, Patentgesetz, § 15 Rn. 104; Kraßer/Ann, Patentrecht, § 40 V d Rn. 40; Bartenbach, Patenlizenz, Rn. 101; Busse/Keukenschrijver-Keukenschrijver, § 15 Rn. 75; Fitzner/Lutz/Bodewig-Hauck, Patentrecht, § 15 Rn. 39.

207 Mes, Patentgesetz, § 15, Rn. 43.

208 BGHZ 62, 272, 276, 277 – Anlagengeschäft; aA. BGHZ 180, 344 = GRUR 2009, 946 – Reifen Progressiv: dinglicher Charakter (um Urheberrecht); abschwächend demgegenüber BGH GRUR 2012, 916 – M2 Trade, BGH GRUR 2012, 914 – Take Five.

Da sich Lizenzen auf einzelne Benutzungsarten der Erfindung beschränken können, ist es möglich, dass an einem Patent einfache und ausschließliche Lizenzen für unterschiedliche Nutzungsarten nebeneinander bestehen.[209]

Lizenzen lassen sich jedoch nicht nur nach ihrem Umfang unterscheiden, sondern auch nach der Art der Beschränkung mit Blick auf die Benutzungshandlungen: Es gibt beispielsweise Herstellungs-, Vertriebs-, Gebrauchs-, Import- und Exportlizenzen.[210]

b. Der Ansatz des Lizenzmodells

Auf der Grundlage der soeben erfolgten Einführung in die Lizenzdogmatik wird nun der Ansatz des Lizenzmodells erörtert:

Hiernach soll der Verkauf des patentgemäßen Gegenstandes durch den Patentinhaber zugleich die konkludente Lizenzierung zum Einbau des Gegenstandes in das patentgemäße System beinhalten. Die Voraussetzungen für die Annahme einer solchen Lizenz werden eng gezogen, grundsätzlich gelten folgende Voraussetzungen, um von einer konkludenten Lizenz auszugehen:

- Die Lieferung umfasst praktisch alle Teile des Patents.
- Zur Schaffung des Systems müssen nur nebensächliche Allerweltszutaten zu den patentierten Bauteilen hinzugefügt werden.
- Der Einbau des Bauteils in das System stellt den einzig technisch oder wirtschaftlich sinnvollen Gebrauch des Bauteils dar, sodass offensichtlich ist, dass der Käufer das Bauteil einbauen wird.[211]

Darüber hinaus muss der Einbau des in Verkehr gebrachten Bauteils nicht nur den bestimmungsgemäßen Gebrauch desselben darstellen, sondern auch gewiss sein. Es muss also bereits bei Verkauf des Bauteils zwischen den Parteien Klarheit geherrscht haben, wie mit diesem im Folgenden verfahren wird.[212] Der dahinterstehende Gedanke ist, dass der Patentinhaber den Umständen nach bei Verkauf des Patentgegenstandes weiß oder davon ausgehen kann, dass dieser in ein System eingebaut werden soll und er in diesem Wissen den Gegenstand verkauft. Aus diesen Umständen kann auf eine konkludente Zustimmung in Form einer Lizenz geschlossen werden.[213]

---

209 Benkard-Ullmann/Deichfuß, Patentgesetz, § 15, Rn. 61.
210 Mes, Patentgesetz, § 15, Rn. 47.
211 Nach Kühnen, Patentrecht, Rn. 1538.
212 Kühnen, Patentrecht, Rn. 1538.
213 Kühnen, Patentrecht, Rn. 1538.

2. Beispielpatent

Die Anwendung des Lizenzmodells auf das Beispielpatent würde zu folgendem Ergebnis führen:

Bei dem Mikroprozessor handelt es sich praktisch um den relevanten Teil des Systemanspruchs, der neben dem Mikroprozessor nur unwesentliche Standardteile – „Allerweltszutaten" – eines Computersystems beinhaltet. Bei Verkauf des Mikroprozessors war für den Patentinhaber außerdem offensichtlich, dass der Käufer ihn in ein Computersystem einbauen würde, da es sich hierbei um den einzigen bestimmungsgemäßen Gebrauch des Mikroprozessors handelt.

Damit sind alle Voraussetzungen des Lizenzmodells erfüllt, sodass gemäß dem Lizenzmodell aus den Umständen des Verkaufs darauf geschlossen werden kann, dass der Patentinhaber dem Käufer eine konkludente Lizenz zum Einbau des Mikroprozessors in ein Computersystem erteilt hat. Nach dem Verkauf des Mikroprozessors nach Patentanspruch 1 durch den Patentinhaber an den Käufer könnte der Käufer den Mikroprozessor somit in ein Computersystem einbauen, ohne dass der Patentinhaber aus seinem Patentanspruch 19 hiergegen vorgehen könnte.

Das Problem der Doppelverwertung scheint auf den ersten Blick durch die Anwendung des Lizenzmodells gelöst: der Patentinhaber kann nicht ein zweites Mal aus seinem Patentanspruch 19 gegen den Käufer vorgehen.

3. Kritik

Das Lizenzmodell sucht die Lösung des Problems auf vertraglicher Ebene. Es fingiert einen weiteren vertraglichen Kontakt neben dem Kaufvertrag zwischen dem Patentinhaber und dem ersten Abnehmer in Form einer Lizenz.

Diese Lösung führt auf den ersten Blick zu befriedigenden Ergebnissen. Dem Patentinhaber ist eine zweite Verwertung des Patents gegenüber seinem Abnehmer verwehrt. Baut der Abnehmer das Bauteil in ein System ein und möchte der Patentinhaber hiergegen aus seinem Systempatentanspruch vorgehen, kann der Abnehmer ihm die konkludente Lizenz entgegenhalten.

Das Lizenzmodell zeigt jedoch deutliche Schwächen. Der Umfang der konkludenten Lizenz ist unklar. Wie dargelegt gibt es eine Vielzahl verschiedener Unterformen der Lizenz, ebenso ist ihr Rechtscharakter als schuldrechtlich oder dinglich nicht geklärt. Außerdem ist ungeklärt, ob dem Patentinhaber für die konkludente Lizenz eine zweite Zahlung neben dem Verkaufspreis des Patentgegenstandes zusteht. Teilweise wird vertreten, dass im Zweifel die Lizenzgebühr im Verkaufspreis inkludiert ist,[214] was jedoch nicht immer zu interessengerechten Ergebnissen führt.

Bei der unter dem Kapitel „2. Beispielpatent“ besprochenen Konstellation handelt es sich um einen einfach gelagerten Verkauf des Patentgegenstandes zwischen zwei Parteien. In diesen Fällen lässt sich die konkludente Lizenz ohne größere Probleme konstruieren. Fraglich ist allerdings, ob das Lizenzmodell auch in komplexeren, mehrpoligen Verhältnissen zu befriedigenden Ergebnissen führt und dem Abnehmer eine rechtssichere Position verschafft.

a. Absatz- und Wertschöpfungsketten

Wie bereits dargelegt, erfolgt die Herstellung eines Produktes in der globalisierten Wirtschaft üblicherweise in mehreren Schritten,[215] durch einzelne, voneinander unabhängige und an verschiedenen Standorten ansässige Unternehmen. Somit durchlaufen patentierte Gegenstände, insbesondere im Technologiesektor, auf dem Weg zu dem Endkunden mehrere Stufen einer Absatzkette, auch Wertschöpfungskette genannt.[216] Hierbei werden sie weiterverarbeitet und mit den anderen Komponenten zum Endprodukt, beispielsweise einem Computer oder einem Mobiltelefon, zusammengefügt. Dies führt dazu, dass oftmals nicht der direkte Abnehmer des Patentinhabers das patentierte Systemteil in das patentierte System einfügt. Erst auf einer späteren Stufe, möglicherweise nach mehreren Weiterverkäufen, kommt es zur Kombination des Systemteils mit den weiteren Systemteilen und somit zur Verwirklichung der Merkmale des Systemanspruchs des Patentinhabers.[217]

b. Konkludente Lizenz auf nachgelagerter Absatzstufe

Es stellt sich die Frage, ob der weitere Abnehmer in der Absatzkette das Systemteil nach dem Lizenzmodell berechtigterweise in das System einfügt. Der Abnehmer auf der nachgelagerten Stufe hatte zu keinem Zeitpunkt Kontakt zu dem Patentinhaber, sodass es zweifelhaft ist, ob auch er sich auf die konkludente Lizenz nach dem Lizenzmodell berufen kann.

---

214 Im Rahmen des Lizenzmodells, das mit entsprechenden Abwandlungen in der Literatur ebenfalls für den Fall der parallelen Sach- und Verfahrensansprüche vertreten wird: Haedicke, Patentrecht, S. 103, Rn. 16. Hierzu detailliert unter: F. III. 2.

215 Von Meibom/Meyer, FS Mes, S. 255.

216 Von Meibom/Meyer, FS Mes, S. 255.

217 Von Meibom/Meyer, FS Mes, S. 255.

Die Lizenzvergabe im Patentrecht unterliegt zu weiten Teilen dem Schuldrecht. Folglich richtet sich die Frage der Vergabe einer Lizenz durch den Patentinhaber an einen Abnehmer auf nachgelagerter Stufe der Absatzkette nach den Regeln des Schuldrechts sowie des allgemeinen Teils des Bürgerlichen Gesetzesbuches zu der Auslegung von Willenserklärungen, § 133 BGB.

Zur Annahme einer konkludenten Willensäußerung sind nach der vorherrschenden objektiven Theorie äußere Umstände erforderlich, die auf einen auf die Willensäußerung gerichteten Willen des konkludent Erklärenden mittelbar schließen lassen.[218] Bei einer konkludenten Erklärung wird demnach auf die explizite, wörtliche Willensäußerung verzichtet, es ist jedoch eine Erklärungshandlung erforderlich, die den Willen des Erklärenden zur Herbeiführung einer konkreten Rechtsfolge zum Ausdruck bringt.[219]

Eine konkludente Lizenz kann der Patentinhaber dem nachgelagerten Abnehmer nach diesen Regeln nicht erteilt haben: Es fehlen äußere Anhaltspunkte, da zwischen dem Patentinhaber und dem Abnehmer auf der nachgelagerten Stufe zu keinem Zeitpunkt ein Kontakt bestand.

Hier stellt sich schon die Frage, an wen sich eine konkludente Lizenz richten würde. Der genaue Adressat der konkludenten Lizenz wäre unbekannt, da der Patentinhaber bei Verkauf an den ersten Abnehmer noch nicht weiß, an wen dieser den Patentgegenstand weiterveräußern wird und auf welcher Stufe das Systemteil in das System eingefügt werden wird, also eine Lizenz notwendig ist.

In der Konsequenz müsste dem Patentinhaber eine konkludente Lizenz gegenüber einer unbekannten Anzahl von Personen erteilen. Es käme zur Konstruktion einer Art Lizenz „ad incertas personas“, an einen unbestimmten Adressatenkreis,[220] in Anlehnung an das Konzept der „offerta ad incertas personas“ in der allgemeinen Rechtsgeschäftslehre.[221]

Diese Konstruktion geht zu weit. Dem Patentinhaber würde eine weitreichende Erklärung unterstellt, für die es nicht die nötigen Anknüpfungspunkte gäbe. Auch bei der Annahme einer konkludenten Erklärung bedarf es konkreter tatsächlicher Anhaltspunkte für den Inhalt der konkludenten Willensäußerung. Allein der Verkauf eines Systemteils, mit dem Einbau in ein Gesamtsystem als bestimmungsgemäße Verwendung, kann nicht als Anhaltspunkt genommen

218 MüKo-Armbrüster, BGB, Vor § 116, Rn. 6; BeckOK-Wendtland, BGB, § 133, Rn. 8; Prütting-Ahrens, BGB, § 133, Rn. 37.

219 BeckOK-Wendtland, BGB, § 133, Rn. 8.

220 Schönbohm/Ehlgen, Mitt. 2016, S. 107.

221 Siehe hierzu beispielsweise Schulze-Dörner, BGB, § 145, Rn. 6.

werden, um von der Abgabe einer an jedermann gerichteten konkludenten Lizenz zur Verwirklichung des Systemanspruchs auszugehen.

Näher läge der Schluss auf einen entgegenstehenden Willen des Patentinhabers: Im Rahmen seiner Verkaufs- und Vertriebspolitik kann es aus Marketing- oder Preisgestaltungsgesichtspunkten oftmals für ihn sinnvoll sein, das (End) Produkt nur von bestimmten Unternehmen auf dem Markt vertreiben oder seinen patentierten Gegenstand nur in bestimmten Produkten eingebaut zu lassen. Für ein entsprechendes Beispiel sei erneut auf den Mikroprozessor zurückgegriffen: Das US-amerikanische Unternehmen „Intel" vertreibt unter anderem Mikroprozessoren, die in Computer eingebaut werden.[222] Die Hersteller von Computern mit Intel-Prozessor bewerben den – aus ihrer Sicht – qualitativ hochwertigen Prozessor durch einen Aufkleber auf dem Gerät mit der Aufschrift „Intel inside".[223] Um den „guten Ruf" des Mikroprozessors zu bewahren, liegt es im Interesse des Unternehmens Intel, dass der Mikroprozessor nur in hochwertige Computer eingebaut wird. Der Kunde soll den Intel-Prozessor nicht mit einem minderwertigen Computer in Verbindung bringen. Folglich wird Intel bei Vertrieb der Prozessoren kaum den konkludent geäußerten Willen haben, dass die Prozessoren von jedem beliebigen weiteren Abnehmer in jedes beliebige Produkt eingebaut werden dürfen.

Eine direkte konkludente Lizenz durch den Patentinhaber scheidet aus den genannten Gründen somit aus. Dies wirft die Frage auf, ob der Abnehmer auf der nachgelagerten Absatzstufe bei Zusammenfügen des Systems nach der Lizenzlösung unberechtigt handelt.

c. *Unterlizenzierung*

Der Abnehmer auf der nachgelagerten Stufe könnte seine Berechtigung in Form einer Unterlizenz von dem vorherigen Abnehmer in der Absatzkette ableiten. Dieser leitet seine Lizenz wiederum von dem vorherigen Abnehmer ab. So könnte man entlang der Absatzkette emporgehen, bis man zu dem ersten Abnehmer gelangt, welcher seine Lizenz auf eine konkludente Lizenzerteilung durch den Patentinhaber stützt. Von dieser ersten konkludenten Lizenz würden alle Lizenzen auf den nachgelagerten Stufen abgeleitet. Fraglich ist allerdings, wie eine solche „Ableitung" zu konstruieren wäre. In Betracht käme eine konkludente Unterlizenzierung jedes Abnehmers an den nachfolgenden Abnehmer.

---

222 Auflistung der angebotenen Produkte unter www.intel.de, abgerufen am 22.02.2017.
223 http://www.intel.com/content/www/us/en/all-in-one/all-in-one.html, abgerufen am 22.02.2017.

Eine solche Unterlizenzierung kommt jedoch nur in Betracht, wenn der erste Abnehmer nach der ihm erteilten konkludenten Lizenz zur Unterlizenzierung befugt war und somit seine Rechtsmacht an seine Nachfolger in der Absatzkette weitergeben konnte.

Zur Beantwortung der Frage, ob der erste Abnehmer nach den Umständen zur Unterlizenzierung befugt war, ist zunächst ein tiefergehender Blick auf die Lizenzdogmatik im Patentrecht erforderlich.

aa. Konkludente Lizenz mit Unterlizenzierungsermächtigung

Mit Blick auf die dargestellte Vielfalt der Lizenzformen – zum Beispiel einfach oder ausschließliche, weltweite oder territorial begrenzte Lizenzen – ist zunächst zu klären, welche Art der konkludenten Lizenz der Patentinhaber nach dem Lizenzmodell dem Käufer des patentierten Gegenstandes erteilt hat. Eine diesbezügliche Äußerung fehlt ebenfalls, sodass auch der Umfang der Lizenz nur an den äußeren Umständen abgelesen werden kann.

Üblicherweise wird der Patentinhaber den patentierten Gegenstand an mehr als einen Abnehmer veräußern. In dem Fall kann kaum darauf geschlossen werden, er wolle jedem Abnehmer eine ausschließliche konkludente Lizenz erteilen. Im Regelfall wird man folglich von einer einfachen Lizenz ausgehen müssen. Beschränkungen mit Blick auf das Territorium, die umfassten Benutzungsarten und Ähnliches ergeben sich gegebenenfalls aus der Rechtsbeziehung zwischen Patentinhaber und Käufer und den Umständen des Verkaufs im Einzelfall. Im Grundsatz kann wohl eine territoriale Beschränkung auf das Verkaufsland vermutet werden.

Die entscheidende Frage ist jedoch, ob die konkludent erteilte einfache Lizenz zur Unterlizenzierung ermächtigt. Nur wenn dies der Fall ist, handelt der nachgelagerte Abnehmer ebenfalls berechtigt. Sowohl für als auch gegen eine konkludente Unterlizenzierungsermächtigung lassen sich verschiedene Argumente ins Feld führen:

- Dagegen spricht, dass üblicherweise nur eine ausschließliche Lizenz das Recht des Lizenznehmers zur Unterlizenzierung in Form einfacher Lizenzen beinhaltet. Demgegenüber hat der einfache Lizenznehmer dieses Recht normalerweise nicht.[224] Es handelt sich folglich um ein „Mehr“ gegenüber dem Regelfall bei der einfachen Lizenz, welches gesondert zu vereinbaren ist.[225] Ein solches „Mehr“ verlangt nach einer ausdrücklichen Vereinbarung. Wenn sich der Rechteinhaber in einem über den Normalfall hinausgehenden

224 BGHZ 62, 272, 276, 277 – Anlagengeschäft.
225 BGHZ 62, 272, 276, 277 – Anlagengeschäft.

Maß seiner Rechte begibt, sind hierfür stichhaltige Anhaltspunkte erforderlich. Diese deutlichen Hinweise auf eine über den Normalfall hinausgehende Rechtsübertragung dürften bei dem Verkauf einer sowohl einem Sach- als auch einem Systempatentanspruch unterliegenden Sache in den meisten Fällen fehlen.

- Demgegenüber könnte eingewandt werden, dass nach den Umständen des Verkaufs durchaus darauf zu schließen wäre, dass die konkludente Erklärung des Patentinhabers ein Recht zur Unterlizenzierung beinhaltet. Dem Patentinhaber ist bekannt, dass der Käufer beabsichtigt den Patentgegenstand im Rahmen einer Absatzkette weiter zu veräußern. Zwar mag eine einfache Lizenz nicht automatisch das Recht zur Unterlizenzierung beinhalten, nach der Rechtsprechung ist es jedoch möglich, dass der Patentinhaber dem einfachen Lizenznehmer dieses Recht einräumt.[226] Eine Unterlizenzierungsermächtigung könnte man aus den Umständen des Verkaufs schließen, da dem Patentinhaber bei Verkauf bekannt war, dass nicht nur sein direkter Abnehmer, sondern auch in nachgelagerten Verwertungsstufen weitere Abnehmer den Patentgegenstand bestimmungsgemäß nutzen und hierbei in ein System einbauen werden. Wenn aus diesen Umständen des Verkaufs auf den Willen zur konkludenten Lizenzerteilung gegenüber seinem direkten Abnehmer geschlossen wird, könnte man auch den nächsten Schritt gehen und annehmen, dass er auch mit der weiteren Verwertung in der Absatzkette einverstanden ist und eine Unterlizenzierungsermächtigung in seiner konkludenten Willenserklärung enthalten ist.
- Für eine konkludente Unterlizenzierungsermächtigung kann auch vorgebracht werden, dass dem Patentinhaber die Möglichkeit verbleibt, das Rechtsverhältnis zu seinem direkten Abnehmer ausdrücklich vertraglich zu gestalten und hierdurch seinen Willen explizit kundzutun, wenn er keine Unterlizenzierungsermächtigung erteilen möchte. So ist es für ihn möglich, seinem direkten Abnehmer eine ausdrückliche einfache Lizenz unter Ausschluss einer Ermächtigung zu Unterlizenzierung zu erteilen. Auch durch die Vergabe einer personengebundenen Lizenz würde er nach der herrschenden Ansicht in der Literatur ein Verbot der Unterlizenzierung erreichen.[227]

---

226 BGHZ 62, 272, 276, 277 – Anlagengeschäft.

227 Nach Benkard-Ullmann/Deichfuß, Patentgesetz, § 15 Rn. 86; Kraßer/Ann, Patentrecht, § 40 V d Rn. 40; Busse/Keukenschrijver-Keukenschrijver, Patentgesetz, § 15 Rn. 75.

- Gegen dieses Argument kann allerdings eingewandt werden, dass durch die Bindung an die Person des Lizenznehmers die Werthaltigkeit der Lizenz deutlich abnimmt.[228] Sie führt zu von vorneherein sichtbaren Einschränkungen des Lizenznehmers, die dieser nach Möglichkeit mit einem Abschlag im Preis beantworten wird. Außerdem führte dieser Ansatz zu Wertungswidersprüchen, denn er bewirkt eine Umkehrung der Risikoverteilung im Vergleich zu der ähnlichen Situation im Urheberrecht:

  Im Urheberrecht ist der Lizenznehmer nur zur Unterlizenzierung berechtigt, wenn der Urheber ausdrücklich zustimmt. Das gilt sogar, wenn der Lizenznehmer Inhaber einer ausschließlichen Lizenz ist, § 35 Abs. 1 UrhG. Demgegenüber müsste der Rechteinhaber im Patentrecht in der vorliegenden Konstellation ausdrücklich die Unterlizenzierung ausschließen, um sicherzustellen, dass aus den Umständen des Verkaufs nicht auf eine konkludente Lizenzerteilung mit Unterlizenzierungsermächtigung geschlossen wird. Während der Gesetzgeber im Urheberrecht den Schutz des Urhebers vor von ihm nicht autorisierten Unterlizenzierungen normiert, wäre der Erfinder darauf verwiesen für diesen Schutz selbst zu sorgen. Das wird zumindest den „kleinen Erfinder“ oftmals überfordern.[229]

Auch in dieser Frage tragen im Ergebnis die Argumente, die schon gegen eine direkte Lizenz des Patentinhabers an die Abnehmer auf den nachgelagerten Absatzstufen sprechen:

Die nötigen objektiven Umstände für die Annahme einer zur Unterlizenzierung ermächtigenden einfachen Lizenz werden in den meisten Fällen nicht gegeben sein. Gegen die Annahme einer konkludenten Lizenz – mit oder ohne Unterlizenzierungsermächtigung – spricht auch das erkennbare Interesse des Patentinhabers, der aus Marketing- oder Preisgestaltungsgesichtspunkten oftmals den Willen hat, dass das (End)Produkt nur von bestimmten Unternehmen auf dem Markt vertrieben wird oder sein patentierter Gegenstand nur in bestimmten Produkten eingebaut wird.

bb. Wirksame Unterlizenz

Unterstellt man dennoch, dass es auch im Rahmen einer Absatzkette zur Weiterreichung der ursprünglichen Lizenz im Wege der Unterlizenzierung kommen kann, stellt sich jedoch die Frage, ob eine Unterlizenzierungsermächtigung zu

---

228 Dammler/Melullis, GRUR 2013, 786.
229 Dammler/Melullis, GRUR 2013, 786.

einer rechtssicheren Position auch der nachgelagerten Abnehmer führt und damit das Lizenzmodell in Wertschöpfungsketten sachgemäß angewendet werden kann, wenn man doch von einer konkludenten Unterlizenzierungsermächtigung ausgeht.

Hier begegnet man der sowohl im Urheberrecht als auch im Patentrecht diskutierten Frage nach der Rechtssicherheit einer Unterlizenz, konkret welches Schicksal eine Unterlizenz erfährt, wenn die Hauptlizenz wegfällt.

Der Wegfall einer Hauptlizenz kann verschiedene Gründe haben. So ist es vorstellbar, dass der Patentinhaber den (konkludenten) Lizenzvertrag mit dem Hauptlizenznehmer kündigt, beispielsweise, weil sich der Hauptlizenznehmer rechtsbrüchig verhalten hat oder sich der Patentinhaber ein Kündigungsrecht vorbehalten hat. Ebenso kommt in Betracht, dass Patentinhaber und Hauptlizenznehmer einen Aufhebungsvertrag schließen. Denkbar ist weiterhin eine Insolvenz des Hauptlizenznehmers mit den hieran anknüpfenden weitreichenden Folgen für die von ihm eingegangenen Rechtsverhältnisse.

Das Schicksal der Unterlizenz beruht auf der Beantwortung einer Reihe von Rechtsfragen:

Einfluss auf die Rechtsbeständigkeit einer Lizenz hat zunächst ihr Rechtscharakter. Die Lizenz kann schuldrechtlicher oder dinglicher Natur sein. An diese Einordnung knüpft sich die Reichweite der Lizenz: Schuldrechtliche Vereinbarungen gelten nur inter partes, während dingliche Rechte gegenüber jedermann Geltung beanspruchen.

Der Kartellsenat des Bundesgerichtshofs hat in seiner Entscheidung „Verankerungsteil“[230] aus dem Jahr 1982 festgelegt, dass eine einfache Lizenz in der Regel schuldrechtlicher Natur ist. Im Gegensatz zu der ausschließlichen Lizenz, diese sei „dinglicher Natur“, habe sie deshalb keinen Bestandsschutz. Das hätte zur Folge, dass die einfache Lizenz nicht gegen Verfügungen des Rechtsinhabers oder des Hauptlizenznehmers geschützt wäre. Ist der erste Lizenznehmer Inhaber einer einfachen Lizenz, so wäre er nicht geschützt, wenn der Patentinhaber sein Patent an einen Dritten überträgt. Seine rein schuldrechtlich wirkende einfache Lizenz gälte nur inter partes, also zwischen ihm und dem ursprünglichen Rechteinhaber. Gegenüber dem Zessionar stünden ihm keine Rechte zu. Im Ergebnis wäre der einfache Lizenznehmer auf Schadensersatzansprüche gegenüber dem Zedenten mit zweifelhafter Werthaltigkeit verwiesen. Das gilt insbesondere, da dem einfachen Lizenznehmer oft ein erheblicher Schaden entstehen kann, wenn die einfache Lizenz unerwartet und weit vor Ablauf des vereinbarten

230 BGH, GRUR 1982, 411 – Verankerungsteil.

Lizenzzeitraumes wegfällt. Im Vertrauen auf den Bestand der Lizenz hat er möglicherweise erhebliche Investitionen getätigt, ist Kreditverpflichtungen zur Vorfinanzierung eingegangen, hat Produktionshallen angemietet, Produktionsmaschinen angeschafft und Personal eingestellt.

Als Reaktion auf die Einordung des Bundesgerichtshofs und die hiermit einhergehende schwache Rechtsstellung des einfachen Lizenznehmers normierte der Gesetzgeber in § 15 Abs. 3 PatG einen Sukzessionsschutz auch für die einfache Lizenz.[231] Hierdurch erstreckte er die Drittwirkung auch auf die einfache Lizenz für die Fälle, in denen das Schutzrecht auf einen Dritten übertragen wird oder kraft Gesetzes übergeht. Ebenso berührt die Erteilung weiterer Lizenzen nicht bereits erteilte Lizenzen, was den einfachen Lizenznehmer gegen Übertragungen des lizenzierten Rechts schützt.

Fraglich ist jedoch, inwiefern der Sukzessionsschutz auch dem Lizenznehmer einer einfachen Unterlizenz hilft, wenn die Rechtsbeziehung des Hauptlizenznehmers zu dem Rechtsinhaber aus anderen Gründen als einer Rechtsübertragung notleidend wird.

Im Urheberrecht hat der Bundesgerichtshof in jüngerer Zeit in drei wegweisenden Entscheidungen zu dem Problem Stellung genommen. Diese Entscheidungen lassen sich möglicherweise auch auf das Patentrecht übertragen und helfen bei der Beantwortung der Frage nach dem Schicksal der Unterlizenz. Die Entscheidungen werden im Folgenden kurz vorgestellt und sodann auf ihre Übertragbarkeit auf das Patentrecht überprüft.

(a) Reifen-Progressiv

In der Entscheidung „Reifen-Progressiv“[232] aus dem Jahr 2009 befasste sich der Bundesgerichtshof mit folgendem, verkürzt dargestellten Sachverhalt: Der Kläger, ein Programmierer und Urheber eines für Reifenhändler bestimmten Computerprogramms „Reifen Progressiv“ hatte der A-GmbH das ausschließliche Nutzungsrecht an dem Programm eingeräumt. Diese räumte der Beklagten, einer Reifenhändlerin, gegen die einmalige Zahlung eines Betrages eine einfache Lizenz an dem Programm ein. Im Jahr 2001 musste die A-GmbH ihren Geschäftsbetrieb einstellen und kurz danach den Insolvenzantrag stellen. Der Kläger erklärte daraufhin im Jahr 2003 gegenüber der A-GmbH den Rückruf des ausschließlich eingeräumten Nutzungsrechts nach § 41 UrhG. Der Urheber kann das von ihm gewährte ausschließliche Nutzungsrecht nach § 41 UrhG zurückrufen, wenn der Lizenznehmer das Recht nicht oder nur unzureichend

231 Dammler/Melullis, GRUR 2013, 781, 784.

232 BGH I ZR 153/06, GRUR 2009, 946.

ausübt. Nach Ansicht der Klägerin sei als Folge ihres wirksamen Rückrufs der ausschließlichen Lizenz auch die hiervon abgeleitete einfache Lizenz der Beklagten erloschen. Durch die weitere Nutzung des Programmes verletzte die Beklagte somit ihr Urheberrecht an diesem.

In den ersten beiden Instanzen blieb die Klage ohne Erfolg. Auch der Bundesgerichtshof wies die Klage mit folgender Begründung ab:

Die Frage, ob beim Erlöschen eines vom sogenannten „Mutterrecht" abgespaltenen ausschließlichen oder einfachen Nutzungsrechts, des „Tochterrechts", die davon abgeleiteten ausschließlichen oder einfachen Nutzungsrechte, die „Enkelrechte", gleichfalls erlöschen oder bestehen bleiben, sei umstritten.[233]

(aa) Erlöschen des Enkelrechts

Nach einer Ansicht[234] habe das Erlöschen des Tochterrechts auch das Erlöschen der Enkelrechte zur Folge. Die Vertreter dieser Ansicht führten folgende Argumente an:

Dem Urheberrecht liege der Zweckbindungsgedanken zugrunde. Dieser Gedanke diene dem Schutz des Urhebers, dessen Rechte so weit wie möglich bei ihm verbleiben sollten. Bereits aus der Übertragungsregel des § 31 Abs. 5 UrhG ließe sich dieser Rechtsgedanke ableiten. Nach § 31 Abs. 5 UrhG überträgt der Urheber im Rahmen einer Lizenz bei fehlender ausdrücklicher Regelung nur die Befugnis an den Benutzungsarten, die der Lizenznehmer zur Erreichung des Vertragszweckes benötigt. Der Urheber vergebe also nur so viele Rechte, wie es das schuldrechtliche Geschäft erfordere. Falle das schuldrechtliche Geschäft weg, müsse deshalb das eingeräumte Recht an den Urheber zurückfallen und mit ihm alle hiervon abgeleiteten Enkelrechte.[235]

---

233 BGH I ZR 153/06, GRUR 2009, 946.

234 OLG Hamburg, GRUR Int 1998, 431, 435; OLG Hamburg, GRUR 2002, 335, 336 f. – Kinderfernseh-Sendereihe, zustimmend Wandtke, EWiR 2001, 645; LG Hamburg, ZUM 1999, 858, zustimmend Schricker, EWiR 1999, 275; Dreier/Schulze-Schulze, UrhG, § 33 Rn. 10 sowie § 35 Rn. 16 und§ 41 Rn. 37; Dreyer/Kotthoff/Meckel-Kotthoff, UrhR, § 35 Rn. 8; Fromm/Nordemann-J.B. Nordmann, UrhR, § 31 Rn. 34 sowie § 41 Rn. 40; Möhring/Nicolini/Spautz, UrhG, § 35 Rn. 6; Schricker, VerlagsR, § 28 VerlG Rn. 27; Loewenheim-J. B. Nordemann, Hdb. d. UrheberR, § 26 Rn. 31; Schack, Urheber- und UrhebervertragsR, § 16 Rn. 629; Scheuermann, Urheber- und vertragsrechtliche Probleme der Videoauswertung von Filmen, 1990, S. 160ff.; Lößl, Rechtsnachfolge in Verlagsverträge, 1997, S. 173ff.; W. Nordemann, GRUR 1970, 174; Platho, FuR 1984, 135 [138]; Wandtke/Bullinger-Wandtke/Grunert, UrhR, § 35 UrhG Rn. 7ff.; vergleiche weiter zum Patentrecht Benkard-Ullmann/Deichfuß, Patentgesetz, § 15 Rn. 107 m.w.N.

235 OLG Hamburg, GRUR 2002, 335, 336f. – Kinderfernseh-Sendereihe.

Außerdem würde der Fortbestand der Enkelrechte die Rechte des Urhebers gegenüber dem Lizenznehmer der abgeleiteten Unterlizenz unangemessen schwächen. Er müsse hinnehmen, dass der Unterlizenznehmer sein Werk weiter nutze und seine Lizenzgebühren an den Lizenznehmer der ersten Lizenz entrichte. Zwar könne der Urheber den Lizenznehmer auf Abtretung der Rechte aus dem Lizenzvertrag oder auf Schadensersatz in Anspruch zu nehmen, sein Recht sei jedoch mit der einfachen Lizenz belastet, sodass er keine lukrative ausschließliche Lizenz an einen Dritten vergeben könne.[236] Hierdurch ist der Urheber in seiner Rechtsausübung wesentlich eingeschränkt.

Darüber hinaus gelte auch im Urheberrecht der Grundsatz, dass man nur die Rechte weitergeben kann, die man selbst innehat, einen gutgläubigen Erwerb kenne das Urheberrecht nicht.[237] Hieraus folge, dass die Berechtigung des Inhabers des Enkelrechts an die Berechtigung des Inhabers des Tochterrechts gekoppelt sei, die Beendigung der Berechtigung des Inhabers des Tochterrechts wirke sich somit unmittelbar auf die Berechtigung des Inhabers des Enkelrechts aus, dessen guter Glaube an das Fortbestehen seines Rechts nicht geschützt sei.[238]

Schließlich führe das Erlöschen des Enkelrechts auch nicht zu einer unangemessenen Benachteiligung des Inhabers. Der Unterlizenznehmer könne dem Anspruch auf Zahlung der Lizenzgebühr die Einrede des nichterfüllten Vertrages entgegenhalten. Außerdem könne er seinen Schaden gegebenenfalls bei dem Inhaber des Tochterrechts liquidieren. Es sei Sache des Lizenznehmers, sich gegen den vorzeitigen Fortfall seines Rechts vertraglich gegenüber dem Inhaber des Tochterrechts abzusichern, beispielsweise durch die Vereinbarung einer Schadensersatzzahlung. Ebenso könne bereits in dem Vertrag zwischen Urheber und erstem Lizenznehmer eine Regelung zugunsten des Unterlizenznehmers aufgenommen werden. So könne beispielsweise geregelt werden, dass bei Beendigung des Nutzungsrechts auf erster Stufe die hiervon abgeleiteten Nutzungsrechte auf der nachfolgenden Stufe bestehen bleiben oder der Urheber dem Unterlizenznehmer die weitere Nutzung des Werkes zu den bisherigen Bedingungen bis zum Ende der Laufzeit der Lizenz zu gestatten hat.

---

236 Dammler/Melullis, GRUR 2013, 781, 788.

237 BGH I ZR 153/06, GRUR 2009, 946 unter Verweis auf Dreyer/Kotthoff/Meckel-Kotthof, UrhR, § 35 Rn. 8; Schricker, VerlagsR, § 28 VerlG Rn. 27; Loewenheim-J.B. Nordemann, § 26 Rn. 31; Schack, § 16 Rn. 556.

238 Hierfür angeführt durch BGH I ZR 153/06, GRUR 2009, 946.: Dreyer/Kotthoff/Meckel-Kotthof, UrhR, § 35 Rn. 8; Schricker, VerlagsR, § 28 VerlG Rn. 27; Loewenheim-J.B. Nordemann, § 26 Rn. 31; Schack, § 16 Rn. 556.

(bb) Fortbestehen des Enkelrechts

Nach der Gegenansicht bleiben die Enkelrechte bis zum Ablauf ihrer Laufzeit bestehen, auch wenn das Tochterrecht vorzeitig wegfällt.[239] Die Vertreter dieser Ansicht stützen sich vor allem auf die Schutzwürdigkeit des Unterlizenznehmers: Der Unterlizenznehmer habe möglicherweise hohe Aufwendungen zur Verwertung des Rechts getätigt, die er bei einem vorzeitigen Wegfall seines Rechts nicht amortisieren könne. Das könne ruinöse Folgen haben. Diese Konsequenz erscheine besonders unbillig, da den Unterlizenznehmer keine Schuld an dem Wegfall des Tochterrechts treffe. Die Rechtsbeziehung zwischen Urheber und erstem Lizenznehmer werde ohne sein Zutun oder Einflussmöglichkeiten seinerseits beendet.

(cc) Entscheidung des Bundesgerichtshofs

Der Bundesgerichtshof folgte – zumindest für den Fall, dass die erste Lizenz durch einen wirksamen Rückruf nach § 41 UrhG erlischt – letztgenannter Ansicht und argumentierte wie folgt:

Der dem Urheberrecht zugrundliegende Gedanke der Zweckbindung führe nicht zu der zwingenden Schlussfolgerung, dass mit dem Tochterrecht auch das Enkelrecht erlösche. Vielmehr gelte der Zweckbindungsgedanke lediglich in dem Verhältnis zwischen dem Urheber und dem ersten Lizenznehmer. Nur in diesem Verhältnis begründe die Zweckbindung, dass bei Erlöschen des Verpflichtungsgeschäfts die eingeräumten Nutzungsrechte an den Urheber zurückfielen.

Auch die von der Gegenansicht angeführten Grundsätze, dass niemand mehr Rechte vergeben könne, als er selbst innehat und ein gutgläubiger Erwerb im Urheberrecht nicht anerkannt sei, hätten nicht zur Folge, dass das Enkelrecht mit dem Tochterrecht erlischt. Die Beendigung der Rechtsbeziehung zwischen dem Urheber und dem ersten Lizenznehmer hätte lediglich zur Folge, dass der erste Lizenznehmer von diesem Zeitpunkt an nicht mehr berechtigt sei, weitere Unterrechte zu vergeben. Über den Fortbestand bereits vergebener Unterrechte sei hiermit allerdings noch nichts gesagt. Es stehe den genannten Grundsätzen

239 Büscher/Dittmer/Schiwy-Haberstumpf, Gewerblicher Rechtsschutz, UrheberR, MedienR, § 35 UrhG Rn. 4; Haberstumpf, FS Hubmann, 1985, S. 127 [140ff.]; Sieger, FuR 1983, 580, 585; Schwarz/Klingner, GRUR 1998, 103, 110 ff.; Beck, Der Lizenzvertrag im Verlagswesen, 1961, 82ff.; v. Hase, Der Musikverlagsvertrag, 1961, 44 ff.; Karow, Die Rechtsstellung des Subverlegers im Musikverlagswesen, 1970, 82 ff.; Lange, Der Lizenzvertrag im Verlagswesen, 1979, S. 92 ff.; Wohlfarth, Das TaschenbuchR, 1991 147 ff., insb. 170 ff. mit Blick auf das Taschenbuchrecht; Wandtke/Bullinger-Wandtke/Grunert, § 35, Rn. 9.

nicht entgegen, wenn das Enkelrecht nach seiner Einräumung rechtlich selbstständig und von dem Tochterrecht abgespalten sei.[240] Dem Gesetzgeber sei dieser Gedanke nicht fremd, schon in § 33 S. 2 UrhG habe er normiert, dass einfache und ausschließliche Lizenzen wirksam bleiben, wenn der Rechtsinhaber auf sein Recht verzichtet. In der zugrunde liegenden Situation führe der Verlust des Nutzungsrechts ebenfalls nicht zum Entfallen der abgeleiteten Nutzungsrechte.

Darüber hinaus stellt der Bundesgerichtshof fest, dass nicht nur die ausschließliche, sondern auch die einfache Lizenz im Urheberrecht dinglichen Charakter habe.[241] Somit sei das Enkelrecht nach seiner Abspaltung von dem Tochterrecht unabhängig, der Inhaber der ersten Lizenz müsse dem Unterlizenznehmer das Recht nicht fortwährend vermitteln. Deshalb habe es auch keinen Einfluss auf den Fortbestand des Enkelrechts, wenn das der Inhaber des Tochterrechts sein Recht verliere.

Schließlich sei bei der Interessenabwägung in diesem Fall, in dem die Verbindung zwischen Urheber und erstem Lizenznehmer aufgrund eines Rückrufs nach § 41 UrhG beendet würde, die Wertung des § 41 UrhG zu berücksichtigen. Dieser schütze das berechtigte Interesse des Urhebers an der Verwertung seines Werkes.[242] Das Fortbestehen eines – einfachen – Enkelrechts hindere den Urheber jedoch nicht daran, weitere einfache Lizenzen zu vergeben und so die Verbreitung und Verwertung seines Werkes sicherzustellen. Außerdem habe der Urheber der Erteilung weiterer Unterrechte zugestimmt und müsse sich hieran festhalten lassen. Nach § 35 Abs. 1 S. 1 UrhG können Unterlizenzen im Urheberrecht nur mit Zustimmung des Urhebers erteilt werden.

(dd) Zusammenfassung

In der Entscheidung „Reifen-Progressiv“ nimmt der Bundesgerichtshof Stellung zu der Frage, welches Schicksal die Unterlizenz erfährt, wenn die Hauptlizenz wegfällt. Er stärkt die Rechte des Unterlizenznehmers, indem er festlegt, dass das Enkelrecht von dem Tochterrecht abgespalten und folglich unabhängig existiert. Ebenfalls nimmt er Stellung zu dem Rechtscharakter der einfachen Lizenz, die er wie die ausschließliche Lizenz als dinglich einstuft. Einen Teil seiner Argumentation stützt der Bundesgerichtshof jedoch auf die besondere konkrete

---

240 So auch: Sieger, FuR 1983, 580, 585; Beck, Der Lizenzvertrag im Verlagswesen, 1961, 82 ff.; v. Hase, Der Musikverlagsvertrag, 1961, 44 ff.; Karow, Die Rechtsstellung des Subverlegers im Musikverlagswesen, 1970, 82 ff.; Lange, Der Lizenzvertrag im Verlagswesen, 1979, S. 92 ff.

241 Vergleiche zum Meinungsstreit: Schricker/Schricker, Vorb. §§ 28ff. UrhG Rn.

242 vgl. Begründung des RegE, BT-Dr IV/270, S. 60.

Interessenlage, wenn die Hauptlizenz aufgrund eines Rückrufs wegen Nichtausübung, § 41 UrhG, wegfällt. Folglich stellte sich zunächst die Frage, ob die Entscheidung im Urheberrecht auf andere Fallkonstellationen übertragbar ist. Erst eine positive Beantwortung dieser Frage erlaubt die Überlegung, ob die Rechtsprechung des Bundesgerichtshofs im Urheberrecht einer Übertragung auf das Patentrecht zugänglich ist.

In zwei weiteren Entscheidungen machte der Bundesgerichtshof deutlich, dass seine Rechtsprechung im Urheberrecht nicht nur auf die Fälle des § 41 UrhG beschränkt ist:

(b) M2Trade und Take Five

Auch in den zwei nachfolgenden Entscheidungen „M2Trade" sowie „Take Five" bekräftigte der Bundesgerichtshof seine Entscheidung in „Reifen-Progressiv" mit einer ähnlichen Argumentation und erweiterte den Anwendungsbereich der aufgestellten Grundsätze:

Das Erlöschen der Hauptlizenz führe in aller Regel auch dann nicht zum Erlöschen der Unterlizenz, wenn der Hauptlizenznehmer dem Unterlizenznehmer ein einfaches Nutzungsrecht gegen fortlaufende Zahlung von Lizenzgebühren eingeräumt habe und die Hauptlizenz nicht aufgrund eines Rückrufs wegen Nichtausübung, sondern aus anderen Gründen wegfalle.[243] Auch in diesen Fällen sei es interessengerecht den Inhaber des Enkelrechts zu schützen.

(c) Übertragbarkeit auf das Patentrecht

Nach der klaren Entscheidung des Bundesgerichtshofs für einen Fortbestand der Unterlizenz im Urheberrecht stellt sich die Frage, ob sich die Entscheidungspraxis im Urheberrecht auch auf das Patentrecht übertragen lässt. Das würde die Rechtsposition des Inhabers einer Unterlizenz stärken und könnte somit als Argument für die Praktikabilität und Rechtssicherheit des Lizenzmodells angeführt werden.

Nach Veröffentlichung der vorgenannten Entscheidungen haben sich erste Stimmen in der Literatur mit dieser Frage auseinandergesetzt. Bislang werden Argumente sowohl für als auch gegen die Übertragbarkeit ausgeführt, ein Konsens hat sich noch nicht herausgebildet.

Im Folgenden wird ein kurzer Überblick über die prägnantesten Argumente in der Diskussion gegeben.

---

243 Zweiter Leitsatz der Entscheidung, BGH GRUR 2012, 916 – M2Trade.

Für eine Übertragbarkeit der Grundsätze auch auf das Patentrecht spricht, dass der für das Patentrecht zuständige X. Zivilsenat zu den vorgenannten Urteilen M2Trade sowie Take Five mitteilen ließ, dass er gegen die Beurteilung keine Bedenken habe.[244] Inwiefern sich seine Aussage lediglich auf die Beurteilung im Urheberrecht bezieht oder ob er hiermit sein Einverständnis zu einer Übertragung auf das Patentrecht zu erkennen gegeben hat, bleibt jedoch offen.

Sowohl im Urheberrecht als auch im Patentrecht gilt der Sukzessionsschutz. Für das Patentrecht ist dieser in § 15 Abs. 3 PatG normiert:

> *„Ein Rechtsübergang oder die Erteilung einer Lizenz berührt nicht Lizenzen, die Dritten vorher erteilt worden sind."*

Für seine soeben besprochenen Entscheidungen im Urheberrecht zieht der Bundesgerichtshof neben dem allgemeinen Sukzessionsschutz die Sonderregelung des § 33 S. 2 Fall 2 UrhG heran. Nach dieser Vorschrift bleiben erteilte Lizenzen bestehen, wenn der Rechtsinhaber, der die Lizenz eingeräumt hat, auf sein Recht verzichtet. Hieraus lässt sich neben dem allgemeinen Sukzessionsschutz verstärkt die Tendenz lesen, dass der Wegfall des Nutzungsrechts nicht zum Entfallen der abgeleiteten Rechte führen muss.[245]

Es wird deshalb argumentiert, dass erst das Zusammenspiel des allgemeinen Sukzessionsschutzes mit dem Rechtsgedanken des § 33 S. 2 Fall 2 UrhG den Rückschluss zuließe, dass nach der Vorstellung des Gesetzgebers das Entfallen des Nutzungsrechts sich nicht auf die hiervon abgeleiteten Rechte auswirken muss.[246] Eine vergleichbare Spezialregelung gäbe es im Patentrecht nicht, deshalb könne man den Gedanken nicht auf das Patentrecht übertragen.[247]

Demgegenüber interpretieren Stimmen in der Literatur den Rechtsübergang nach § 15 Abs. 3 PatG als jede Verfügung über das Recht.[248] Hiervon wäre auch der Wegfall der ersten Lizenz umfasst. Dem Telos nach wolle die Vorschrift den Lizenznehmer vor sämtlichen das Recht beeinträchtigenden Zwischenverfügungen schützen. Hierzu gehörten auch der Wegfall der Hauptlizenz oder den Rückfall derselben sowie alle anderen Fälle, in denen der vorgeschaltete Lizenznehmer in der Kette seine Rechte verliert und der nächste Unterlizenznehmer hiervon betroffen ist.

---

244 BGH GRUR 2012, 916 Rn. 23 – M2Trade; BGH GRUR 2012, 914 Rn. 15 – Take Five.

245 BGH, GRUR 2009, 946 Rn. 19 a. E. – Reifen Progressiv; BGH, GRUR 2012, 916 Rn. 24 – M2Trade; BGH, GRUR 2012, 914 Rn. 16 – Take Five.

246 Dammler/Melullis, GRUR 2013, 781, 784.

247 Dammler/Melullis, GRUR 2013, 781, 784.

248 Haedicke, ZGE 2011, 377ff.

Dem wird entgegengehalten, dass § 15 Abs. 3 PatG eine Reaktion des Gesetzgebers auf die Entscheidung „Verankerungsteil"[249] des Kartellsenats aus dem Jahr 1982 darstelle. Nachdem der Kartellsenat in dieser Entscheidung feststellte, dass die einfache Lizenz lediglich schuldrechtlicher Natur sei und folglich nur zwischen den Parteien Wirkung entfalte, wollte der Gesetzgeber den einfachen Lizenznehmer schützen, indem er auch für diesen einen Sukzessionsschutz normierte.[250] Eine hierüber hinausgehende Risikozuordnung wie in § 33 S. 2 Fall 2 UrhG normiert lasse sich aus dem allgemeinen Sukzessionsschutz nach § 15 Abs. 3 PatG nicht herauslesen.[251]

Gegen eine Übertragbarkeit der urheberrechtlichen Entscheidungspraxis auf das Patentrecht spräche auch die urheberrechtsspezifische Regelung des § 35 Abs. 1 S. 1 UrhG.[252] Hiernach kann der ausschließliche Lizenznehmer nur mit Zustimmung des Urhebers Unterlizenzen einräumen. Dem Urheber verbleibt somit die Entscheidung, ob Unterlizenzen erteilt werden. Eine vergleichbare Regelung fehlt im Patentrecht. Wie dargelegt, umfasst eine ausschließliche Lizenz nach Rechtsprechung und Literatur automatisch die Befugnis zur Unterlizenzierung. Eine einfache Lizenz kann diese Befugnis beinhalten, wenn ein dementsprechender Wille des Patentinhabers nachzuweisen ist. Die weitere Unterlizenzierung kann der Patentinhaber jedoch nicht kontrollieren. Er kann lediglich seinen Vertragspartner auf der zweiten Stufe auswählen.

Hiergegen wird vorgebracht, dass es auch dem Lizenzgeber im Patentrecht freistehe, die von ihm vergebene Lizenz personengebunden auszugestalten. Durch diese rechtliche Einschränkung würde er die Möglichkeit der Unterlizenzierung wirksam ausschließen. Verzichte er auf die ihm rechtlich frei stehende Möglichkeit, so müsse er mit der Weitergabe der Lizenz im Wirtschaftsverkehr rechnen.[253] Durch die Bindung der Lizenz an die Person des Lizenznehmers kann die Lizenz jedoch an Wert verlieren, da es für den Lizenznehmer von vorneherein offensichtlich ist, dass eine Verwertung der Lizenz durch eine weitere Unterlizenzierung ausgeschlossen ist.[254]

Im Ergebnis sprechen die besseren Argumente gegen die Übertragbarkeit der Rechtsprechung in das Patentrecht. Durch das Fortbestehen der Unterlizenz auch bei Wegfall der Hauptlizenz würde das Recht des Patentinhabers

---

249 BGH, GRUR 1982, 411 – Verankerungsteil. Hierzu bereits oben unter E. V. 3. c. bb.

250 Dammler/Melullis, GRUR 2013, 781, 784.

251 Dammler/Melullis, GRUR 2013, 781, 784.

252 Dammler/Melullis, GRUR 2013, 781, 784.

253 Haedicke, ZGE 2011, 377ff.

254 Dammler/Melullis, GRUR 2013, 781, 786.

unangemessen beeinträchtigt. Er könnte zwar weitere einfache Lizenzen vergeben, jedoch wäre es ihm nicht möglich, einem Dritten eine ausschließliche Lizenz an seinem Patentrecht zu erteilen. Die ausschließlichen Lizenzen sind jedoch besonders werthaltig. Gerade für den „kleinen Erfinder" ist es zudem einfacher und überschaubarer, einmalig eine ausschließliche Lizenz zu erteilen und sich hierdurch auf unkomplizierte Weise eine fortlaufende Einnahme aus seinem Patent zu erschließen.

Bei Fortbestehen der Unterlizenz ergeben sich überdies eine Vielzahl von Folgeproblemen, die auch in der Rechtsprechung des Bundesgerichtshofs im Urheberrecht noch keine befriedigende Lösung gefunden haben. So stellt sich die Frage, ob der Unterlizenznehmer weiterhin verpflichtet wäre an den Hauptlizenznehmer die Lizenzgebühren zu zahlen, obwohl die Lizenz des Hauptlizenznehmers bereits erloschen ist und dieser keine Lizenzgebühren mehr an den Patentinhaber abführen muss. Zur Lösung des Problems behilft sich der Bundesgerichtshof mit dem Bereicherungsrecht: Bei Erlöschen der Hauptlizenz habe der Hauptlizenzgeber gegen den Hauptlizenznehmer einen Anspruch nach § 812 Abs. 1 S. 1 Fall 2 BGB auf Abtretung des gegen den Unterlizenznehmer bestehenden Lizenzzahlungsanspruch.[255] Zwar wird hierdurch das vorgenannte Problem gelöst, die Lösung ist jedoch nicht interessengerecht. Dem Patentinhaber wird indirekt ein Lizenznehmer aufgedrängt, den er sich nicht ausgesucht hat. Insbesondere hatte er keine Möglichkeit die Zuverlässigkeit und Solvenz des Lizenznehmers seinerseits zu prüfen. Unklar bleibt auch, wie das weitere, über die Lizenzzahlung hinausgehende Verhältnis von Patentinhaber und Unterlizenznehmer ausgestaltet sein soll. Wie kann der Patentinhaber beispielsweise bei einer Stücklizenz die tatsächliche Anzahl verkaufter Lizenzprodukte kontrollieren? Ein direkter Auskunftsanspruch gegen den Unterlizenznehmer wird schwer zu konstruieren sein. Ob er seinen Hauptlizenznehmer vertraglich dazu verpflichten kann, dessen vertraglichen Auskunftsanspruch gegen den Unterlizenznehmer durchzusetzen erscheint auch mehr als fraglich.

Insgesamt kann die bereicherungsrechtliche Lösung den Feinheiten des Lizenzvertragsrechts offenbar nicht angemessen Rechnung tragen. Die hieraus folgenden, massiven Einschränkungen des Patentinhabers durch das Fortbestehen der Unterlizenz sind nicht interessengerecht.

Folglich sprechen die besseren Argumente dafür, im Patentrecht weiterhin von dem Grundsatz auszugehen, dass bei Wegfall des Tochterrechts auch das Enkelrecht erlischt.

---

255 BGH, GRUR 2012, 916 Rn. 26 – M2Trade.

cc. Ergebnis

Selbst wenn der Patentinhaber nicht nur den Willen zur konkludenten Erteilung einer einfachen Lizenz an seinen Abnehmer hätte, sondern darüber hinaus noch die Einwilligung zur weiteren Unterlizenzierung des Abnehmers an die Abnehmer auf den weiteren Stufen der Wertschöpfungskette konkludent erteilt hätte, so verbleibt eine ausgesprochen unsichere Rechtsposition des Abnehmers auf den nachfolgenden Stufen. Jegliche Störungen in den Lizenzverhältnissen auf den vorgelagerten Stufen können die Unterlizenzen auf den nachfolgenden Stufen entfallen lassen, ohne dass die Unterlizenznehmer dies vorhersehen oder beeinflussen können. Zu denken ist beispielsweise an die Insolvenz eines Abnehmers auf vorgelagerter Stufe. Es entstünde eine hohe Rechtsunsicherheit bei den Abnehmern in der Wertschöpfungskette. Oftmals wird es nur schwer nachweisbar sein, ob und wie Lizenzen entlang der Kette verteilt wurden und wo möglicherweise die Lizenz weggefallen ist. Auch die Konstruktion über eine Unterlizenzierung(-sermächtigung) kann folglich nicht zu einer interessengerechten Lösung über das Lizenzmodell führen.

4. Endergebnis Lizenzmodell

Im Ergebnis ist das Lizenzmodell abzulehnen. In einfach gelagerten Rechtsbeziehungen zwischen zwei Parteien kann das Modell zu interessengerechten Ergebnissen führen. Jedoch zeigen sich bereits hier seine Schwachstellen:

Durch den konkludenten Charakter der Lizenz ist ihr Umfang unklar. Für den Abnehmer stellt sich auch die Frage der Beweisbarkeit im Streitfall. Es wird schwierig und aufwendig für ihn sein, die genauen Umstände des möglicherweise länger zurückliegenden Verkaufs des Patentgegenstandes und die hieraus zu ziehenden Schlüsse für Existenz und Umfang der konkludenten Lizenz zu beweisen. Die konkludente Lizenz versagt bereits, wenn der Patentinhaber zuvor einem Dritten eine ausdrückliche ausschließliche Lizenz erteilt hat, da er dann keine weiteren Lizenzen erteilen kann, solange die ausschließliche Lizenz gilt.[256]

Eine konkludente Lizenz kann auch nur aus den Umständen abgeleitet werden, solange ein ausdrücklicher gegenteiliger Wille des Patentinhabers dem nicht entgegensteht. Sobald der Patentinhaber zum Ausdruck bringt, dass in den Verkauf des patentierten Gegenstandes keine weiteren rechtsverbindlichen

256 Mes, Patentgesetz, § 15, Rn. 41; Benkard-Ullmann/Deichfuß, Patentgesetz, § 15, Rn. 92 ff.

Erklärungen hineinzulesen sind, kommt eine konkludente Lizenz nicht infrage. Zwar ist damit zu rechnen, dass die Geschäftsbeziehungen des Patentinhabers Schaden nehmen würden, wenn er ausdrücklich eine Lizenzerteilung ausschließt und hiermit seinem direkten Abnehmer oder einem weiteren Abnehmer in der Wertschöpfungskette die bestimmungsgemäße Benutzung und Verwertung des Patentgegenstandes versagt. Das ändert jedoch nichts an der Rechtsunsicherheit, die von einer konkludenten Lizenz ausgeht.

Spätestens in den mehrpoligen Rechtsverhältnissen einer Absatzkette versagt das Lizenzmodell. Es kann nicht rechtssicher abbilden, mit welcher Berechtigung die Abnehmer auf den nachgelagerten Stufen den Patentgegenstand bestimmungsgemäß verwenden, indem sie ihn zum Beispiel in ein System einsetzen. Die Konstruktion einer bisher so nicht bekannten Art Lizenz „ad incertas personas" geht zu weit. Hierzu müsste eine neue Rechtsfigur geschaffen werden, deren Umfang und Rechtsbeständigkeit unklar ist. Man würde in die Umstände des Verkaufs hierfür eine weitreichende rechtsgeschäftliche Erklärung des Patentinhabers hineinlesen, für die es regelmäßig nicht genügend tatsächliche Anhaltspunkte gibt.

Das gilt auch für eine konkludente Unterlizenzierungsermächtigung. Sie ist bereits in der Rechtslehre vorbekannt, was sie vorzugswürdig gegenüber der unbekannten Lizenz „ad incertas personas" macht. Trotzdem kann sie die Schwächen des Lizenzmodells nicht auflösen. Durch einen ausdrücklichen entgegenstehenden Willen fällt auch eine mögliche konkludente Unterlizenzierungsermächtigung weg. Kann aus dem Willen des Patentinhabers tatsächlich auf eine konkludente Unterlizenzierungsermächtigung geschlossen werden, so verschafft diese dem Abnehmer auf der nachgelagerten Stufe keine rechtssichere Position. Störungen im Hauptlizenzverhältnis zwischen Patentinhaber und erstem Abnehmer, die dem Einfluss und der Wahrnehmung des Abnehmers auf der nachgelagerten Stufe entzogen sind, wirken sich direkt auf seine Unterlizenz aus. Investitionen im Vertrauen auf den Fortbestand der Unterlizenz sind folglich mit erheblichen wirtschaftlichen Risiken für den Unterlizenznehmer verbunden.

VI. Erweiterte Erschöpfung

In der Literatur wird zu einer dem hier behandelten Fall ähnlichen Konstellation die Idee einer „erweiterten Erschöpfung“ diskutiert. Der in der Literatur diskutierte Ansatz könnte daher gegebenenfalls auch in dem in dieser Arbeit behandelten Fall der Doppelverwertungsmöglichkeit fruchtbar gemacht werden. Hierzu wird im Folgenden zunächst der Ansatz in seiner bisherigen Form einleitend vorgestellt und sodann geprüft, ob dieser auch auf die hier behandelte Problemstellung sinnvoll angewandt werden kann.

1. Ansatz

Unter dem Stichwort „erweiterte Erschöpfung“ wird in der Literatur bislang folgender Sachverhalt diskutiert:

Der Patentinhaber bringt nur eine Komponente seiner geschützten Erfindung – eine sogenannte Teillieferung – auf den Markt. Diese Komponente macht den wesentlichen Teil der Erfindung aus, die darüber hinaus nur noch aus weiteren Komponenten von untergeordneter Bedeutung besteht. Der Käufer der wesentlichen Komponente fügt diese mit den fehlenden Teilen zu einem komplexen Gesamtprodukt zusammen. Die fehlenden Teile hat der Käufer jedoch nicht von dem Patentinhaber oder dessen Lizenznehmer, sondern aus Dritter Quelle erworben.

Dieses Vorgehen wirft die Frage auf, ob der Käufer durch Herstellung der patentgemäßen Erfindung aus der von dem Patentinhaber stammenden wesentlichen Komponente und den zusätzlichen, von Dritten gekauften Komponenten, das Patent des Patentinhabers verletzt. Der Hersteller des Produktes benutzt das Patent möglicherweise unmittelbar, der Lieferant der weiteren Komponenten benutzt das Patent mittelbar.

Dies verneinen die Vertreter der erweiterten Erschöpfungslehre. Ihnen zufolge tritt die Erschöpfung nicht erst ein, wenn der Patentinhaber oder ein Dritter mit seiner Zustimmung den gesamten Patentgegenstand in den Verkehr bringt.[257] Nach der erweiterten Erschöpfungslehre tritt die Erschöpfung des gesamten Schutzrechtes bereits ein, wenn der Patentinhaber oder ein Dritter mit seiner Zustimmung den wesentlichen Teil der Erfindung in den Verkehr bringt.[258]

---

257 So aber die eingeschränkte Erschöpfungslehre unter Anwendung des Objektbezogenheitsgrundsatzes.

258 Von Meibom/Meyer, FS Mes, S. 255 ff.

Überdies müssen nach den Vertretern dieser Ansicht jedoch zwei weitere Voraussetzungen erfüllt sein:

1. Der einzig sinnvolle und bezweckte Gebrauch der Teillieferung ist die Verwirklichung der patentgemäßen Lehre – also die Zusammensetzung zum Patentgegenstand.[259] Hierbei handelt es sich um eine Tatfrage, die durch das erkennende Gericht im Einzelfall zu entscheiden ist.
2. Die Teillieferung muss den wesentlichen Teil der patentgemäßen Lehre ausmachen.

a. Definition des wesentlichen Teils

Es stellt sich die Frage, was unter dem für diesen Ansatz zentralen Begriff des wesentlichen Teils der Erfindung gemeint ist. Ab wann ist ein Teil der Erfindung als wesentlich zu bezeichnen?

Ein erster Gedanke wäre, den Begriff der Wesentlichkeit im Patentgesetz einheitlich auslegen und deshalb auf die bereits etablierte Definition der Wesentlichkeit als Tatbestandsmerkmal des § 10 PatG zurückzugreifen. Dort ist die sogenannte mittelbare Patentverletzung normiert. Ein Patent kann durch die direkte Herstellung oder den Vertrieb der patentierten Erfindung unmittelbar verletzt werden. Gegen den unmittelbaren Verletzer kann der Patentinhaber nach § 9 PatG in Verbindung mit § 139 PatG vorgehen. Zusätzlich hat er auch die Möglichkeit gegen den Lieferanten der zur Patentverletzung durch den unmittelbaren Verletzer verwendeten Mittel vorzugehen, wenn

- diese Mittel sich auf ein wesentliches Element der Erfindung beziehen und
- wenn der Dritte weiß oder es aufgrund der Umstände offensichtlich ist, dass die Mittel dazu geeignet und bestimmt sind, für die Benutzung der Erfindung verwendet zu werden, § 10 PatG.

Auch hier spielt das Kriterium der Wesentlichkeit mithin eine Rolle.

Das Kriterium der Wesentlichkeit nach § 10 PatG ist über viele Jahre Gegenstand von Diskussionen in der Literatur und Rechtsprechung gewesen, die zu einer Ausformung und Konkretisierung des Begriffes geführt hat.[260] Hiernach ist ein Element im Sinne des § 10 PatG wesentlich, wenn es die Eignung hat, mit einem oder mehreren Merkmalen des Patentanspruchs bei

259 Von Meibom/Meyer, FS Mes, S. 262.

260 Siehe beispielhaft die Erläuterung verschiedener Ansätze bei Benkard-Scharen, Patentgesetz, § 10, Rn. 7.

der Verwirklichung des geschützten Erfindungsgedankens funktional zusammenzuwirken.[261]

Es würde sich auf den ersten Blick durchaus anbieten, diese ausgearbeitete Definition auch im Rahmen der erweiterten Erschöpfungslehre anzuwenden. Hierdurch würde Rechtsunsicherheit vermieden, da die Frage der Bedeutung des Begriffes der Wesentlichkeit im Sinne des § 10 PatG bereits nach jahrelanger Diskussion geklärt ist.

Hiergegen spricht jedoch die unterschiedliche Bedeutung, die der Begriff bei der mittelbaren Patentverletzung nach § 10 PatG und der erweiterten Erschöpfungslehre hat. Im Rahmen von § 10 PatG muss das tatbestandliche Mittel selbst nicht wesentlich sein, sondern sich lediglich auf „ein" wesentliches Element der Erfindung beziehen. Schon diese Formulierung lässt erkennen, dass es nach dem Verständnis des § 10 PatG mehrere wesentliche Elemente der Erfindung gibt, auf die sich das gelieferte Mittel beziehen kann.[262] Folglich ist bereits jedes im Patentanspruch genannte Merkmal ein wesentliches Element der Erfindung nach § 10 PatG.[263] Dieses Verständnis des oder besser gesagt eines wesentlichen Elements der Erfindung passt gerade nicht zum zweiten Prüfungspunkt der erweiterten Erschöpfungslehre. Zentraler Punkt der Argumentation zur erweiterten Erschöpfungslehre ist, dass der Patentinhaber oder ein mit seiner Zustimmung handelnder Dritter sich die Vorteile des Patents bereits durch das erste Inverkehrbringen „des" wesentlichen Teils der Erfindung sichern konnte. Das setzt voraus, dass es nur einen wesentlichen Teil nach der Wesentlichkeitsdefinition im Rahmen der erweiterten Erschöpfung gibt. Der Begriff der Wesentlichkeit nach der erweiterten Erschöpfungslehre kann demnach nicht mit der Wesentlichkeit nach § 10 PatG gleichgesetzt werden.[264]

Nach den Vertretern der erweiterten Erschöpfungslehre muss deshalb der Teil der patentgemäßen Lehre als wesentlich bezeichnet werden, in dem die Erfindung verkörpert ist.[265] Genauere Abgrenzungskriterien zeigen die Vertreter der Lehre jedoch nicht auf, insofern bleibt das Kriterium der Wesentlichkeit nach derzeitigem Stand konturlos.

---

261 BGHZ 159, 76, GRUR 2004, 758 ff. – Flügelradzähler; Kraßer/Ann, Patentgesetz, § 33, Rn. 353; Benkard-Scharen, Patentgesetz, § 10, Rn. 7; Osterrieth, Patentrecht, Rn. 591.

262 Von Meibom/Meyer, FS Mes, S. 262.

263 BGHZ 159, 76, GRUR 2004, 758 ff. – Flügelradzähler; Kraßer/Ann, § 33, Rn. 353; Von Meibom/Meyer, FS Mes, S. 262; Osterrieth, Patentrecht, Rn. 591.

264 Von Meibom/Meyer, FS Mes, S. 262.

265 Von Meibom/Meyer, FS Mes, S. 262.

b. Die erweiterte und die eingeschränkte Erschöpfungslehre

Sind die dargelegten Voraussetzungen erfüllt, folgt nach der erweiterten Erschöpfungslehre aus der Teillieferung des wesentlichen Teils der geschützten Erfindung die Erschöpfung des gesamten Schutzrechts. Der Käufer darf den wesentlichen Bestandteil folglich mit den weiteren, nebensächlichen Teilen zusammenfügen und so den gesamten patentgemäßen Gegenstand herstellen.

Rechtstechnisch weicht die erweiterte Erschöpfungslehre folglich erheblich von der bislang vorherrschenden eingeschränkten Erschöpfungslehre ab: Die eingeschränkte Erschöpfungslehre richtet sich nach dem Grundsatz der strengen Objektbezogenheit: Das Schutzrecht erschöpft sich nur an dem tatsächlich in den Verkehr gebrachten Teil der Erfindung. Demgegenüber weicht bei der erweiterten Erschöpfungslehre der Bezugspunkt der Erschöpfung von dem Gegenstand der Erschöpfung ab: Bezugspunkt ist der in den Verkehr gebrachte wesentliche Teil der Erfindung, dieser löst die Rechtsfolge der Erschöpfung aus. Gegenstand der Erschöpfung ist nach der erweiterten Erschöpfungslehre jedoch nicht nur der in den Verkehr gebrachte Erfindungsteil, sondern die gesamte anspruchsgemäße Erfindung. Durch diese Divergenz wird überbrückt, dass der Bezugspunkt der Erschöpfung der erfindungswesentliche Teil des Patentanspruchs darstellt und mithin zum Gegenstand der Erschöpfung nur nebensächliche Teile fehlen.

2. Übertragung auf den Fall des parallelen Sach- und Systemanspruchs

Die erweiterte Erschöpfungslehre könnte auf den in dieser Arbeit behandelten Fall des parallelen Sach- und Systemanspruchs übertragen werden, wenn sowohl die Konstellation als auch die Interessenlage in beiden Fällen vergleichbar wäre.

a. Vergleichbarkeit der Konstellationen

Die erweiterte Erschöpfungslehre behandelt den Fall der Teillieferung bei einem aus mehreren Komponenten bestehenden komplexen Sachpatent. Für den Fall, dass im Rahmen der Teillieferung der wesentliche Teil der Erfindung geliefert wird, sieht die Lehre die Erschöpfung des gesamten Schutzrechtes vor.

Der in dieser Arbeit behandelte Fall des parallelen Sach- und Systemanspruchs stellt sich wie folgt dar: Der durch den Sachanspruch bereits geschützte Patentgegenstand wird in einem weiteren Schritt in der Wertschöpfungskette in ein System eingebaut. Das System besteht aus einer vom Einzelfall abhängigen Anzahl von Komponenten sowie aus dem durch das Sachpatent geschützten Gegenstand. Durch den Patentinhaber wurde lediglich der durch das Sachpatent geschützte Gegenstand geliefert, der Abnehmer auf der späteren Stufe der Absatzkette fügt diesen Gegenstand mit den weiteren Komponenten zu einem System zusammen und verwirklicht so den (gesamten) Systemanspruch. Der Erfindungsgedanke – also die Leistung, die ein Monopol in Form des Patentrechts rechtfertigt – ist jedoch nur in dem durch den Sachanspruch geschützten Gegenstand verwirklicht.

In beiden Konstellationen geht es im Kern darum, dass der Patentinhaber bereits willentlich selbst oder ein Dritter mit seiner Zustimmung den Gegenstand, der den Kern der Erfindung ausmacht, in den Verkehr gebracht hat. Lediglich nebensächliche Komponenten fehlen, um im ersten Fall den Patentgegenstand, im zweiten Fall das patentierte System, zu vervollständigen.

Die Konstellationen sind folglich vergleichbar.

b. Vergleichbarkeit der Interessenlage

Das Patentrecht verleiht dem Erfinder ein zeitweises Monopolrecht auf die Herstellung und den Vertrieb seiner Erfindung. Die Monopolisierung der Erfindung wird – wie im Rahmen der Einleitung zu dieser Arbeit dargestellt – damit gerechtfertigt, dass der Erfinder eine Belohnung für seine Erfindung und die hierin enthaltene Mehrung des Wissens der Allgemeinheit erhalten soll und dass er durch die Gewährung des Monopolrechts zur Offenbarung seiner Erfindung sowie zu weiterer Forschungs- und Erfindungstätigkeit angespornt werden soll.[266] Das geschieht dadurch, dass dieser bei dem erstmaligen Inverkehrbringen seine Belohnung für die Erfindung erhält.

Nach dem allgemeinen Verständnis des Patentrechts soll dem Erfinder diese Belohnung jedoch *nur einmal* pro in den Verkehr gebrachten patentgemäßen Gegenstand erhalten:

> *„Ihre Rechtfertigung findet diese Lehre in der Erwägung, dass der Schutzrechtsinhaber, der die unter Verwendung der geschützten Lehre hergestellte Sache in den Verkehr gebracht hat, dabei die Gelegenheit gehabt hat, die Vorteile wahrzunehmen, die ihm das Schutzrecht gewährt."*[267]

In beiden Fällen kann es jedoch bei Anwendung der bislang vorherrschenden eingeschränkten Erschöpfungslehre dazu kommen, dass der Patentinhaber eine zweite Verwertungsmöglichkeit erhält. Er bekommt bei Inverkehrbringen des wesentlichen Erfindungsteils beziehungsweise des Gegenstandes nach dem

---

266 Siehe zu einer ausführlichen Darstellung der Patentrechtstheorien B. III.

267 BGH, GRUR 1980, 38, 39 – Fullplastverfahren.

Sachanspruch eine Entlohnung. Sowohl der in den Verkehr gebrachte Erfindungsteil als auch der Gegenstand nach dem Sachanspruch stellen hierbei den maßgeblichen Teil der Erfindung dar. Da nach der eingeschränkten Erschöpfungslehre hierdurch keine Erschöpfung des Schutzrechtes eintritt, kann der Patentinhaber eine zweite Entlohnung verlangen, wenn der Erfindungsteil mit weiteren nebensächlichen Komponenten zur Gesamterfindung zusammengesetzt wird, beziehungswiese der Gegenstand in ein System nach dem Systemanspruch eingesetzt wird. In beiden Fällen kommt es folglich zu einer dem Grundgedanken des Patentrechts zuwiderlaufenden Doppelverwertungsmöglichkeit des Patentinhabers.

Diese in beiden Fällen vorliegende Problematik löst die erweiterte Erschöpfungslehre bei der Teillieferung durch eine Anpassung der Erschöpfungsdogmatik auf.

Im Ergebnis sind Ausgangskonstellation und Interessenlage sowohl in dem durch die erweiterte Erschöpfungslehre behandelten Fall der Teillieferung als auch in dem in dieser Arbeit untersuchten Fall des parallelen Sach- und Systemanspruchs vergleichbar. Das spricht für eine Übertragung des Lösungsansatzes der erweiterten Erschöpfungslehre auf den hier untersuchten Fall des parallelen Sach- und Systemanspruchs.

3. Beispielpatent

Die Anwendung des Grundgedankens der erweiterten Erschöpfungslehre auf den vorliegenden Fall des parallelen Sach- und Systempatents würde – wiederum am bereits behandelten Beispielpatent eines Mikroprozessors aufgezeigt – zu folgenden Ergebnissen führen:

Wenn der Patentinhaber oder ein mit seiner Zustimmung handelnder Dritter den Mikroprozessor in den Verkehr bringt, so ist auch nach der erweiterten Erschöpfungslehre der Sachanspruch des Mikroprozessorpatents problemlos erschöpft. Fraglich ist jedoch, wie es sich mit dem parallelen Systemanspruch verhält. Hier kommen die zwei Prüfungspunkte der erweiterten Erschöpfungslehre zum Tragen:

1. Ist nach dem Systemanspruch einzig sinnvolle und bezweckte Verwendung des Mikroprozessors der Einbau in ein Computersystem?
   Zur Beantwortung dieser Frage bedarf es eines kurzen Einblicks in die Wirkungsweise eines Mikroprozessors. Ein Mikroprozessor ist ein Prozessor in einem sehr kleinen Maßstab, dessen einzelne Bausteine sich üblicherweise auf einen kleinen Mikrochip befinden. Ein Prozessor ist ein programmierbares Rechenwerk zur Datenverarbeitung, er bedient sich einer elektronischen

Schaltung, die nach eingespeisten Befehlen elektrische Maschinen oder elektrische Schaltungen steuert.[268] Hierdurch kann er beispielsweise die Programme eines Computers steuern. Dafür muss er mit einer Elektrizitätsquelle sowie elektrischen Maschinen oder elektrischen Schaltungen verbunden sein, die er steuern kann, sowie einer Einheit, von der er die Befehle zur Steuerung erhält.

Der einzelne Mikroprozessor auf dem Mikroprozessorchip ist folglich nicht sinnvoll zu verwenden, er muss mit anderen Komponenten verbunden werden, um überhaupt angeschaltet zu werden. Erst im Zusammenspiel mit den weiteren Komponenten eines Computersystems kann er seine Rechen- und Datenverarbeitungsleistung und elektrische Steuerung aktivieren.

Bei Verkauf des Mikroprozessors dürfte mithin allen beteiligten Parteien bewusst sein, dass dieser nach dem Erwerb zwingend mit anderen Komponenten eines Computersystems kombiniert werden wird, um überhaupt von Nutzen sein zu können. Die einzig sinnvolle und bezweckte Verwendung des Mikroprozessors ist das Einfügen in ein System nach dem Systemanspruch.

2. Stellt der in den Verkehr gebrachte Gegenstand den wesentlichen Teil des Patentanspruchs – in diesem Fall des Systemanspruchs – dar?

   Wie bereits dargestellt kann zum Verständnis des zentralen Begriffs der Wesentlichkeit im Sinne der erweiterten Erschöpfungslehre nicht auf die etablierte Definition der Wesentlichkeit im Rahmen des § 10 PatG zurückgegriffen werden. Nach den Vertretern der erweiterten Erschöpfungslehre ist der Teil der Erfindung wesentlich, der die Erfindung verkörpert.[269] Das ist der schutzbegründende Teil der Erfindung, also den neue, von dem Stand der Technik abgegrenzte, erfinderische Teil. Wie ausgeführt[270] ist gerade das der springende Punkt des in dieser Arbeit behandelten Problemfalles: der Patentinhaber oder ein berechtigter Dritter bringt den Gegenstand des Sachanspruchs in den Verkehr. Der Gegenstand des Sachanspruchs stellt gerade den schutzbegründenden, ergo wesentlichen, Teil der patentierten Erfindung dar, sodass der Patentinhaber die Belohnung für seine maßgebliche Leistung bereits erhält, wenn er diesen in den Verkehr bringt. So stellt es sich auch bei dem Mikroprozessorfall dar: Die schutzbegründende Erfindung ist der Mikroprozessor nach dem Sachanspruch. Das Einfügen und die Nutzung

268 Siehe Definition im Duden online, http://www.duden.de/node/797916/revisions/1629596/view. (Abgerufen am 27.06.2017)

269 Von Meibom/Meyer, FS Mes, S. 262.

270 Siehe oben E. VI. 1. a.

eines Mikroprozessors in ein Computersystem nach dem Systemanspruch sind weder neu noch erfinderisch. Folglich stellt der in den Verkehr gebrachte Mikroprozessor den wesentlichen Teil des Systemanspruchs dar, der darüber hinaus nur aus den vorbekannten Teilen eines Computers besteht.

Die Voraussetzungen der erweiterten Erschöpfungslehre sind erfüllt. Das bedeutet, dass nach der Lehre die Erschöpfung des erfindungswesentlichen Teils – des Mikroprozessors – zur Erschöpfung des gesamten Patentes führt, also auch des parallelen Systemanspruchs. Der Patentinhaber könnte gegen den Einbau desselben in ein Computersystem nach dem Verkauf nicht mehr vorgehen.

4. Kritik

Im Folgenden wird die erweiterte Erschöpfungslehre kritisch begutachtet und auf ihre Vor- und Nachteile insbesondere im Vergleich zu der eingeschränkten Erschöpfungslehre untersucht.

a. Rechtsprechung

Zur Bewertung der erweiterten Erschöpfungslehre bietet sich als Erstes ein Blick auf den Umgang der Rechtsprechung mit derselben an.

Sowohl die instanzgerichtliche als auch die höchstrichterliche Rechtsprechung hat sich mehrfach mit der Frage der Erschöpfung bei einer Teillieferung, insbesondere bei der Teillieferung des wesentlichen Teils der Erfindung, beschäftigt. Ein Teil der relevanten Rechtsprechungsentwicklung wurde bereits unter E. II. 1. a. ausführlich dargestellt.

So entschied der Bundesgerichtshof in der Sache „Flügelradzähler“[271], dass das Recht an einem Kombinationspatent nicht bereits mit dem Inverkehrbringen von einem der beiden Hauptbestandteile erschöpft ist. In dem konkreten Fall vermarktete ein Lizenznehmer der Klägerin das Gehäuse des Flügelradzählers, während die Beklagte die dazu passende Messeinheit ohne Lizenz verkaufte.

Dieser Fall unterscheidet sich jedoch von dem Grundfall der erweiterten Erschöpfungslehre, da der Lizenznehmer der Klägerin in diesem Fall nicht den wesentlichen Teil des Patents im Sinne der erweiterten Erschöpfungslehre in den Verkehr gebracht hatte, sondern lediglich einen von mehreren wesentlichen Teilen. Neben der Messeinheit war das Gehäuse des Flügelradzählers ebenso wichtig für das Gesamtpatent, dessen erfinderische Leistung gerade in der Kombination der beiden Teile lag. Aus der Entscheidung lässt sich aufgrund der

271 BGHZ 159, 76, GRUR 2004, 758 ff. – Flügelradzähler.

anders gelagerten Konstellation folglich keine konkrete Ablehnung der erweiterten Erschöpfung folgern.

Insbesondere die instanzgerichtliche Rechtsprechung hält bislang an der strengen Objektbezogenheit der Erschöpfung fest und geht hierbei über die genannte Rechtsprechung des Bundesgerichtshofes hinaus. Die Erschöpfung tritt nach instanzgerichtlicher Rechtsprechung immer nur in dem Umfang ein, in dem die patentierte Erfindung in den Verkehr gelangt ist.[272]

So entschied das LG Düsseldorf bereits im Jahr 2002 in der Sache „Profilstäbe“[273]:

> *„[Die] patentrechtliche Erschöpfung tritt jedoch allein hinsichtlich der vom Berechtigten tatsächlich in Verkehr gebrachten Gegenstände ein.*[274] *[...] Allein durch das Inverkehrbringen eines Teiles einer patentgeschützten Vorrichtung tritt – entgegen der Auffassung der Beklagten – aber noch keine Erschöpfung hinsichtlich der Gesamtvorrichtung ein. Erschöpfung kann stets nur in dem Umfang vorliegen, in welchem der Patentinhaber oder die von ihm autorisierte Person durch das Inverkehrbringen des patentgeschützten Gegenstandes von seinem Schutzrecht Gebrauch macht.*[275]*“*

Es ist festzustellen, dass sich nur wenige Entscheidungen konkret mit dem Gedanken der erweiterten Erschöpfung auseinandersetzen. Im weiteren Verlauf sollen diese Entscheidungen kurz dargestellt und im Kontext der erweiterten Erschöpfungslehre bewertet werden.

aa. Oszillationsantrieb

(a) Entscheidung

Nach einem Urteil des Landgerichts Düsseldorf in der Sache „Oszillationsantrieb“ wird eine Erweiterung der Erschöpfung für den Fall angenommen, dass der bereits in den Verkehr gebrachte Teil der Erfindung diese praktisch vollständig verwirklicht und lediglich eine „Allerweltszutat“ fehlt, um die Erfindung zu komplettieren, über die der Belieferte bereits verfügt oder die er sich unschwer beschaffen kann und gewiss beschaffen wird.[276]

---

272 BGHZ 159, 76, GRUR 2004, 758 ff. – Flügelradzähler.

273 Siehe hierzu bereits oben unter E. II. 1. a. cc., LG Düsseldorf, 4 O 762/00.

274 LG Düsseldorf, 4 O 762/00, S. 5, Rn. 23.

275 LG Düsseldorf, 4 O 762/00, S. 5, Rn. 27.

276 LG Düsseldorf, 4c O 98/13, 3. Juni 2014 mit folgenden Nachweisen: BGH, GRUR 1977, 250, 252 – Kunststoffhohlprofil; BGH, GRUR 1982, 165, 166 – Rigg; OLG Düsseldorf, I-2 U 122/09 – diese Entscheidungen beziehen sich auf die Abgrenzung von mittelbarer und unmittelbarer Patentverletzung, werden jedoch von dem Landgericht in diesem Kontext zitiert.

(b) Bewertung

Auffällig ist, dass diese Formulierung auch zur Abgrenzung von unmittelbarer und mittelbarer Patentverletzung[277] verwendet wird. Nach dem vor 1968 geltenden Patentgesetz wurde anhand dieser Kriterien auch bestimmt, ab wann eine Patentverletzung vorliegt, wenn nur eine Unterkombination der Erfindung verwirklicht wurde.[278] Bemerkenswert ist zudem, dass das Urteil zur Unterlegung seiner Aussage lediglich Rechtsprechung aus dem Bereich der Abgrenzung unmittelbarer zu mittelbarer Patentverletzung – bei der wie dargelegt die Abgrenzung nach ähnlichen Kriterien erfolgt – zitiert, ohne hierzu Stellung zu nehmen. Ungeklärt bleibt, inwieweit das Landgericht sich damit auseinandergesetzt hat, dass die von ihm angewandten Grundsätze der Rechtsprechung zur Abgrenzung der unmittelbaren von der mittelbaren Patentverletzung entstammen und der Fall der Teillieferung bislang an durch die an der strengen Objektbezogenheit orientierten Rechtsprechung entschieden wurde und das Landgericht bewusst eine Rechtsprechungsänderung herbeiführen wollte.

Möglicherweise hat das Gericht jedoch auch – ohne dies explizit zu erklären – seinen Überlegungen folgenden Gedankengang zugrunde gelegt:

Wenn schon eine unmittelbare Patentverletzung vorliegt, wenn der angebotene oder gelieferte Teil bereits alle wesentlichen Merkmale des Patents verwirklicht, so ist es stimmig, wenn als Kehrseite auch die Erschöpfung bereits eintritt, wenn der wesentliche Teil des Patents in den Verkehr gebracht wurde.[279]

bb. DRAM Speicherbausteine

(a) Entscheidung

Eine klare Erwähnung der erweiterten Erschöpfung findet sich in einer Entscheidung des LG Düsseldorf aus dem Jahr 2013.[280] Verkürzt und vereinfacht dargestellt, war die Klägerin in dem Streitfall Inhaberin zweier Patente. Das erste Patent schützte eine Gesamtvorrichtung, das zweite Patent die einzelnen Bestandteile dieser Vorrichtung. Das führte zu der bekannten Doppelverwertungsmöglichkeit:

Die Klägerin konnte zunächst bei Verkauf der Komponenten ein Entgelt verlangen. Nachdem die verkauften Komponenten dann auf einer späteren Stufe der

277 Benkard-Scharen, Patentgesetz, § 14, Rn. 124; OLG Düsseldorf, I-2 U 93/12 Tz. 139 ff.

278 Benkard-Scharen, Patentgesetz, § 14, Rn. 121; BGH, GRUR 1971, 78, 80 – Dia-Rähmchen V; BGH, GRUR 1977, 250, 252 – Kunststoffhohlprofil.

279 Im Folgenden ausführlich zu diesem Gedankengang unter E. VI. 4. b.

280 LG Düsseldorf, 4b O 88/12, BeckRS 2014, 03010.

Wertschöpfungskette zu einer – durch das zweite Patent geschützten – Gesamtvorrichtung zusammengesetzt wurden, konnte die Patentinhaberin erneut eine Lizenz oder ein Entgelt verlangen. Die Beklagte versuchte sich unter anderem mit dem Einwand der erweiterten Erschöpfung gegen die Klage zu wehren. Das Landgericht wies den Einwand ab und argumentierte: Jeder Abnehmer in der Wertschöpfungskette sei selbst dafür verantwortlich sich die nötige Berechtigung für sein Handeln zu verschaffen.[281]

Außerdem käme es bei Anwendung eines erweiterten Erschöpfungsbegriffs zu Abgrenzungsproblemen und hierauf folgend zu Rechtsunsicherheit: Die Merkmale eines Patentanspruchs stünden grundsätzlich gleichberechtigt nebeneinander und es sei schwer zu fassen, welche Teile eines Patents als wesentlich einzustufen seien. Nur wenn eine „Allerweltszutat" fehle könne davon gesprochen werden, dass der wesentliche Teil der Erfindung bereits in den Verkehr gelangt sei. Darüber hinaus seien verschiedene Konstellationen zu unterscheiden, die zu einer Doppelverwertungsmöglichkeit führen könnten:

Es sei denkbar, dass ein Patent sowohl die einzelnen Komponenten als auch die Gesamtvorrichtung schütze. Ob und unter welchen Voraussetzungen in dieser Konstellation ein erweiterter Erschöpfungsbegriff anwendbar ist, sei im vorliegenden Fall nicht zu entscheiden.

Ebenso nahm das Gericht ausdrücklich keine Stellung zu der Frage, ob der Fall anders zu entscheiden wäre, wenn der wesentliche Erfindungsgedanke beider Patente identisch sei.

In dem zu entscheidenden Fall läge es jedoch so, dass die Gesamtvorrichtung und die Komponenten durch zwei verschiedene Patente geschützt wurden, denen jeweils ein anderer wesentlicher Erfindungsgedanke zugrunde lag, sodass in dieser Konstellation kein Raum für die Annahme sei, dass durch das Inverkehrbringen der geschützten Komponenten auch Erschöpfung an dem Patent für die Gesamtvorrichtung eingetreten sei.[282]

(b) Bewertung

Die Entscheidung des LG Düsseldorf betrifft einen Fall, der auch unter Anwendung der erweiterten Erschöpfungslehre – wie dargestellt – nicht zu einer Erschöpfung beider Patente geführt hätte. Da – die Feststellungen des LG Düsseldorf als Tatsache unterstellt – die in den Verkehr gebrachten Komponenten nicht den wesentlichen Teil der patentgeschützten Gesamtvorrichtung ausmachten,

281 LG Düsseldorf, 4b O 88/12, BeckRS 2014, 03010, Rn. 156 in juris.
282 LG Düsseldorf, 4b O 88/12, BeckRS 2014, 03010.

wäre es auch nach der erweiterten Erschöpfungslehre nicht zu einer Erschöpfung bezüglich der Gesamtvorrichtung gekommen. Nach den Feststellungen des LG Düsseldorf lag dem Patent auf die Gesamtvorrichtung ein anderer wesentlicher Erfindungsgedanke zugrunde als dem Patent auf die Komponenten. Die Entscheidung lässt sich folglich weder für noch gegen die erweiterte Erschöpfungslehre ins Feld führen.

cc. Prozesskartusche

(a) Entscheidung

In einer neuen Entscheidung aus dem Jahr 2017[283] äußert sich das OLG Düsseldorf in einem „obiter dictum" zu der erweiterten Erschöpfungslehre. Der Entscheidung lag der umgekehrte Fall der Teillieferung zugrunde: Der Patentanspruch bezog sich nur auf einen Teil der in den Verkehr gebrachten Gesamtvorrichtung. Bezugspunkt der Erschöpfung sollte nach Argumentation der Beklagten das Inverkehrbringen der Gesamtvorrichtung sein, während lediglich der patentgemäße Teil der Gesamtvorrichtung Gegenstand der Erschöpfung wäre. Während das OLG Düsseldorf in der zu entscheidenden Konstellation die Erstreckung der Erschöpfung ablehnt, stellt es fest, dass Bezugspunkt und Gegenstand der Erschöpfung durchaus auseinanderfallen können.[284] Folglich sei das vorliegende Urteil nicht als Ablehnung der erweiterten Erschöpfung im Fall der Teillieferung eines patentgeschützten Gegenstandes zu verstehen.[285]

(b) Bewertung

Die Entscheidung befasst sich zwar nur nebenbei mit der Frage der erweiterten Erschöpfung, trotzdem öffnet das OLG Düsseldorf in entscheidender Weise die Tür für die erweiterte Erschöpfung: Es stellt fest, dass Bezugspunkt und Gegenstand der Erschöpfung durchaus auseinanderfallen können. Das ist genau der Punkt, der von der strengen Erschöpfungslehre abgelehnt wird mit dem Argument, dass eine Unterscheidung zwischen Bezugspunkt und Gegenstand der Erschöpfung zu Rechtsunsicherheit führt. Hierzu nimmt das OLG Düsseldorf nicht mehr vertieft Stellung, da der zu entscheidende Fall anders gelagert war, augenscheinlich hält es die durch das Auseinanderfallen generierte Rechtsunsicherheit jedoch für überschaubar.

283 OLG Düsseldorf, I-15 U 68/15, BeckRS 2017, 110549.
284 OLG Düsseldorf, I-15 U 68/15, BeckRS 2017, 110549, Rn. 106.
285 OLG Düsseldorf, I-15 U 68/15, BeckRS 2017, 110549, Rn. 106.

dd. Zusammenfassung

Zusammengefasst ist in der jüngeren Rechtsprechung eine Öffnung für eine Modifizierung der Erschöpfungsdogmatik im Fall der Teillieferung zu erkennen. Zu vermuten ist, dass die Gerichte künftig auch im Fall der Doppelverwertungsproblematik eine Erweiterung der Erschöpfung prüfen und möglicherweise bejahen würden.

Eine Auseinandersetzung mit dem Doppelverwertungsproblem findet sich in der Rechtsprechung bislang jedoch noch nicht. Insbesondere die ältere Rechtsprechung, die aus Gründen der Rechtssicherheit auf die strenge Objektbezogenheit abstellt, wägt diesen Gesichtspunkt nicht gegen die dem Grundgedanken des Patentrechts zuwiderlaufende Doppelverwertungsmöglichkeit ab, da dies nicht Gegenstand der zu entscheidenden Fälle war. Insofern bleibt abzuwarten, wie die Gerichte künftig vor diesem Hintergrund entscheiden werden.

b. Blick auf die unmittelbare Patentverletzung und das Herstellungsrecht des Patentinhabers

Ein der erweiterten Erschöpfungslehre ähnlicher Gedanke findet sich bei der Abgrenzung von unmittelbarer und mittelbarer Patentverletzung.[286] Zur Gewährleistung eines effizienten Patentschutzes für den Patentinhaber und zur Vereitlung offensichtlicher Umgehungsversuche hat die Rechtsprechung folgende Grundsätze entwickelt:

Bei einem Kombinationspatent ist bereits dann von einer unmittelbaren Patentverletzung auszugehen, wenn das angebotene oder gelieferte Teil alle wesentlichen Merkmale des Erfindungsgedankens verwirklicht und nur noch selbstverständliche – für den Erfindungsgedanken unwesentliche – Zutaten hinzugefügt werden müssen, um die gesamte Erfindung herzustellen.[287]

In beiden Rechtsfragen – ab wann das Patent unmittelbar verletzt ist und ab wann das Recht aus dem Patent erschöpft ist – geht es im Grundsatz um die Grenzen der Reichweite des Patents. Im ersten Fall stellt sich die Frage, ab wann in das Recht des Patentinhabers unmittelbar eingegriffen wird, im zweiten Fall, wo das Recht des Patentinhabers endet.

---

286 Siehe bereits oben unter E. VI. 4. a. aa. bbb., das LG Düsseldorf verweist in seinen Ausführungen zur erweiterten Erschöpfung ausschließlich auf Rechtsprechung zur Abgrenzung zwischen unmittelbarer und mittelbarer Patentverletzung.

287 BGH, GRUR 1977, 250, 252 – Kunststoffhohlprofil; BGH, GRUR 1982, 165, 166 – Rigg; OLG Düsseldorf, 2 U 122/09 – Lungenfunktionsmessgerät.

Im ersten Fall geht die Rechtsprechung davon aus, dass die Rechtsmacht des Patentinhabers bereits dort berührt ist, wo der wesentliche Erfindungsgedanke durch einen Dritten ohne seine Zustimmung verwirklicht wird. Als sprichwörtliche Kehrseite der Medaille ist es stimmig, das Recht des Patentinhabers auch dort enden zu lassen, wo er den wesentlichen Teil seiner Erfindung in den Verkehr gebracht hat. Für die erweiterte Erschöpfung spricht demnach auch, dass sie sich in das dogmatische System des Patentrechts einfügt.

c. *Parallele zum Markenrecht*

aa. *Wirtschaftliche Betrachtungsweise im Markenrecht*

Wie bereits eingehend erläutert, bestehen zwischen der Erschöpfungsdogmatik der Teilbereiche des Geistigen Eigentums zahlreiche Parallelen, sodass sich die zu einem Bereich erschienene Rechtsprechung und Kommentarliteratur oftmals auch auf die anderen Bereiche übertragen lassen.[288] Bei der Bewertung des vorliegenden Problemfalles lohnt sich folglich auch ein Blick in das Markenrecht.

Ebenso wie im Patentrecht folgt auch im Markenrecht die Erschöpfung auf das Inverkehrbringen durch den Markeninhaber oder einem mit seiner Zustimmung handelnden Dritten.[289] Rechtsfolge ist ein uneingeschränktes Nutzungsrecht jedes Dritten.[290] Die Erschöpfung tritt im Markenrecht ebenfalls an dem konkreten Warenexemplar ein,[291] die Gesamtheit seiner Ansprüche aus den §§ 14 ff. MarkenG wird von der Erschöpfung erfasst.[292]

Für den vorliegenden Fall interessiert insbesondere, dass nach höchstrichterlicher Rechtsprechung zur Bestimmung des Inverkehrbringens im Markenrecht eine wirtschaftliche Betrachtungsweise anzuwenden ist.[293] Um eine Ware im Rechtssinn in den Verkehr zu bringen, muss sich der Markeninhaber der Ware derart entäußern, dass der wirtschaftliche Wert endgültig bei ihm verbleibt.[294] Laut Argumentation des Bundesgerichtshofs sei es angemessen, dass der Markeninhaber die weitere Kontrolle über den Vertrieb des konkreten

---

288 Siehe detailliert hierzu unter C. V.

289 BeckOK-Steudtner, Markenrecht, § 24.

290 Spindler/Schuster-Müller, Recht der elektronischen Medien, § 24 MarkenG, Rn. 3; BeckOK-Steudtner, Markenrecht, § 24.

291 EuGH C-173/98, GRUR Int 1999, 870 Rn. 19 – Sebago; BeckOK-Steudtner, Markenrecht, § 24, Rn. 13; Ingerl/Rohnke, Markengesetz, § 24, Rn. 15.

292 EuGH C-16/03, GRUR 2005, 507 Rn. 40 – Peak Holding; Ingerl/Rohnke, Markengesetz, § 24, Rn. 54.

293 EuGH C-16/03, GRUR 2005, 507 Rn. 40 – Peak Holding.

294 BGH GRUR 2011, 820 Rn. 14, 17 und 19 – Kuchenbesteck-Set.

Warenexemplars mit seiner Markenkennzeichnung verliert, wenn er den der Markenkennzeichnung innewohnenden wirtschaftlichen Wert realisiert hat.

bb. Übertragung auf das Patentrecht

Diese im Markenrecht höchstrichterlich bestätigte Argumentation kann auch auf das Patentrecht übertragen werden. Während die Marke in ihrer Kennzeichnungs- und Unterscheidungsfunktion einen wirtschaftlichen Wert beinhaltet, liegt der wirtschaftliche Wert des Patents in seiner erfinderischen Natur. Durch diesen Fortschritt im Vergleich zu dem Stand der Technik zeichnet sich das Patent aus, aus diesem Grund wird der patentierte Gegenstand am Markt gekauft. Der Patentinhaber realisiert den seinem Patent innewohnenden wirtschaftlichen Wert, wenn er den wesentlichen – also den erfinderischen – Teil des Patents in den Verkehr bringt. Dieser wirtschaftliche Wert wurde ihm durch das Patent zugewiesen. Ebenso wie im Markenrecht ist es daher nur folgerichtig, in der Realisierung des wirtschaftlichen Wertes des Patents das Inverkehrbringen und die hieran anknüpfende Erschöpfung des Patentrechts an dem konkreten Gegenstand zu sehen. Auch im Patentrecht ist insofern die Ratio anerkannt, dass der Patentinhaber in dem Umfang seine Verbietungsrechte verlieren soll, in dem er die gebührenden wirtschaftlichen Vorteile aus seiner Erfindung gezogen hat.[295]

cc. Anwendung im Fall der Doppelverwertung

Ein Blick in das Markenrecht liefert folglich Argumente für die erweiterte Erschöpfungslehre: hat der Schutzrechtsinhaber den wirtschaftlichen Wert seines Schutzrechtes realisiert, soll ihm das weitere Vorgehen aus diesem verwehrt bleiben, das Schutzrecht hat sich an dem konkreten Warenexemplar erschöpft. Diese Lösung bietet auch die erweiterte Erschöpfungslehre: ist der wesentliche – also der erfinderische und damit wirtschaftlich wertvolle – Teil des Patents in den Verkehr gelangt, so hat der Patentinhaber den dem Patent innewohnenden wirtschaftlichen Wert realisiert. Sein Recht aus dem Patent ist dann folgerichtig nach der erweiterten Erschöpfungslehre erschöpft.

d. Würdigung

Die erweiterte Erschöpfungslehre kann das Problem der Doppelverwertungsmöglichkeit des Patentinhabers bei einem parallelen Sach- und Systemanspruch

295 LG Düsseldorf, 4c O 98/13 – Oszillationsantrieb.

ebenso wie das Lizenzmodell auflösen. Bei Anwendung der erweiterten Erschöpfungslehre bleibt dem Patentinhaber nur eine Verwertungsmöglichkeit – der Verkauf des Gegenstandes nach dem Sachanspruch. Dieser führt auch zur Erschöpfung des parallelen Systemanspruchs, wenn der erfindungswesentliche Teil des Patents bereits in dem Gegenstand nach dem Sachanspruch verwirklicht ist.

Insofern spricht das gleiche Argument für die erweiterte Erschöpfungslehre, welches auch für die Lizenzlösung spricht: Die dem Grundgedanken des Patentrechts zuwiderlaufende Doppelverwertungsmöglichkeit, die sich nach der eingeschränkten Erschöpfungslehre ergibt, wird vermieden. Rechtstechnisch geht die erweiterte Erschöpfungslehre jedoch einen anderen Weg: statt von einer konkludenten Lizenz auszugehen, erweitert sie den Anwendungsbereich der Erschöpfung. Hierdurch werden die Probleme des Lizenzmodells bei der Verwertung des Patentgegenstandes in einer mehrstufigen Wertschöpfungskette umgangen. Da die erweiterte Erschöpfung gegenüber jedermann wird, kann sie dem Patentinhaber auch von dem Abnehmer auf der nachgelagerten Wertschöpfungsstufe entgegengehalten werden. Im Gegensatz zu einer Lizenz, deren genaue Bedingungen und Umfang erst bewiesen werden muss, ist der Eintritt der Erschöpfung anhand objektiver, dem Abnehmer auf der nachgelagerten Stufe zugänglicher Mittel zu beweisen.

Demgegenüber kann gegen die erweiterte Erschöpfungslehre angeführt werden, dass durch die Einführung eines neuen Prüfungspunktes – der Erfindungswesentlichkeit des in den Verkehr gebrachten Teils beziehungsweise die Erfindungswesentlichkeit der Sache – eine Rechtsunsicherheit in die Erschöpfungsprüfung gebracht wird. Wie bereits dargelegt, kann für das Verständnis des Begriffs der Wesentlichkeit nicht auf die etablierte Definition der Wesentlichkeit im Sinne des § 10 PatG zurückgegriffen werden, da den Begriffen im jeweiligen Kontext eine andere Bedeutung und Reichweite zukommt. Insofern bleibt der Begriff bis zur Ausformung durch Rechtsprechung und Literatur voraussichtlich unklar. Unklarheiten bei der Einführung einer neuen Begrifflichkeit sind dem Recht jedoch immanent, nur in seltenen Fällen sind Rechtsbegriffe bereits legaldefiniert. Oftmals wird der genaue Bedeutungsgehalt und die Reichweite eines Rechtsbegriffs erst durch eine Diskussion in Rechtsprechung und Literatur entwickelt, die hiermit einhergehende Rechtsunsicherheit ist dem deutschen Rechtsystem geschuldet, in dem die Rechtsbegriffe üblicherweise nicht im Gesetzestext definiert werden.

Die erweiterte Erschöpfungslehre bietet im Ergebnis eine stimmige Lösung für das Doppelverwertungsproblem und vermeidet die Probleme des Lizenzmodells.

VII. Vorgelagerte Erschöpfung

1. Ansatz

Ein weiterer Ansatz auf Basis des Grundgedankens der erweiterten Erschöpfungslehre – der Anpassung der Erschöpfungsdogmatik – sucht die Lösung der Doppelverwertungsproblematik ebenso auf der Rechtsfolgenseite.

Nach diesem Ansatz fallen Bezugspunkt und Gegenstand der Erschöpfung ebenfalls auseinander, der Bezugspunkt wird jedoch anders bestimmt: Diese Ansicht stellt maßgeblich darauf ab, dass der Sachanspruch den schutzbegründenden Teil des Patents beinhaltet und der Systemanspruch diesem nur Nebensächlichkeiten hinzufügt.[296] Aus der Erschöpfung des Sachanspruchs folgt demnach auch die Erschöpfung des Systemanspruchs, da die zusätzlichen Merkmale des Systemanspruchs für sich genommen mangels notwendiger Erfindungshöhe nicht schutzfähig wären.[297] Die vorgelagerte Erschöpfung des Sachanspruchs wirkt sich somit auf den Systemanspruch aus und führt zur Erschöpfung desselben.

Folgende Voraussetzungen müssen demnach für die Erschöpfung des Systemanspruchs vorliegen:

a. Die vollständige Erschöpfung des Hauptanspruchs und
b. neben den Elementen des Hauptanspruchs beinhaltet der Systemanspruch keine weiteren, selbstständig schutzfähigen Elemente.

Diese Ansicht wird im Folgenden „vorgelagerte Erschöpfungstheorie" genannt, da sie auf die vorgelagerte Erschöpfung des Sachanspruchs abstellt.

2. Beispielpatent

Auf das bereits behandelte Beispielpatent eines Mikroprozessors angewendet, würde diese Ansicht folgendermaßen prüfen:

Der Mikroprozessor, als Gegenstand des Sachanspruchs, wurde durch den Patentinhaber oder mit seiner Zustimmung in den Verkehr gebracht. Der Sachanspruch ist folglich vollständig erschöpft.

Zur Erinnerung der Wortlaut des Systemanspruchs:

> 3. Patentanspruch 19 – Systemanspruch:
> „Computersystem, aufweisend:
> einen Speicher, der Befehle in einem Programmablauf speichert,

---

296 Schönbohm/Ehlgen, Mitt. 2016, S. 108.
297 Schönbohm/Ehlgen, Mitt. 2016, S. 108.

wobei der Programmablauf einen Verzweigungsbefehl mit einer aufzulösenden Bedingung,
einen ersten Codeabschnitt, der verarbeitet werden soll, wenn die Bedingung als erfüllt aufgelöst wird, und
einen zweiten Codeabschnitt, der verarbeitet werden soll, wenn die Bedingung als nicht erfüllt aufgelöst wird, enthält;
einen mit dem Speicher gekoppelten Bus, der Informationen austauscht, und einen Mikroprozessor nach einem der Ansprüche 1 bis 9."

Der Systemanspruch beinhaltet neben dem Mikroprozessor nach dem Sachanspruch lediglich einen Bus zum Austausch der Informationen. Dieses zusätzliche Merkmal wurde vom Bundespatentgericht als „glatte Trivialität"[298] bezeichnet. Der bereits vorbekannte Bus ist für sich genommen nicht schutzfähig. Weitere zusätzliche Merkmale, die selbstständig schutzfähig sein könnten, beinhaltet der Systemanspruch nicht. Schutzbegründend für den Systemanspruch ist folglich allein der Mikroprozessor. Dieser ist bereits durch den Sachanspruch geschützt, der durch das Inverkehrbringen des Prozessors ebenfalls bereits erschöpft ist.

Die Voraussetzungen nach der vorgelagerten Erschöpfungstheorie sind mithin erfüllt. Demnach folgt aus der Erschöpfung des Sachanspruchs die Erschöpfung des Systemanspruchs. Der Patentinhaber kann dem Abnehmer den Einbau des Mikroprozessors in ein Computersystem nicht mehr untersagen, ebenso kann er hierfür keine Lizenzgebühr verlangen.

3. Rechtsprechung

Rechtsprechung, die sich unmittelbar mit der vorgelagerten Erschöpfung auseinandersetzt, lag bisher nicht vor. Das ist unter anderem darauf zurückzuführen, dass diese Idee einer vorgelagerten Erschöpfung erst in den letzten Jahren in der Literatur aufkam und noch keinen Eingang in die einschlägige Rechtsprechung gefunden hat.

Die Vertreter der vorgelagerten Erschöpfungstheorie stützen sich unter anderem auf die Entscheidung des OLG Düsseldorf aus dem Jahr 2013 in der Sache „Kaffeekapseln"[299], in der sie inhaltlich eine Bestätigung ihrer Argumentation sehen.

In dem zugrunde liegenden Fall stritten die Parteien über die Verletzung eines Patents betreffend einer mit Kaffeekapseln betriebenen Kaffeemaschine.

Die Klägerin war Inhaberin des Patents mit folgendem Patentanspruch:

---

298 BPatG, GRUR 2004, 321 – Mikroprozessor.

299 OLG Düsseldorf, GRUR-RR 2013, 185 – Nespressokapseln.

„Extraktionssystem, aufweisend eine Vorrichtung zur Extraktion einer Kapsel sowie eine Kapsel (16), die in der Vorrichtung extrahiert werden kann,
wobei die Kapsel (16) einen Führungsrand in Form eines Flansches aufweist, wobei die Vorrichtung aufweist:

- ein erstes festes Teil (2),
- ein zweites Teil (3), das bezüglich des ersten Teils relativ beweglich ist, [-] umfassend eine Aufnahme (4) zur Aufnahme der Kapsel, wobei die Aufnahme in einer geschlossenen Position des beweglichen Teils gegen das feste Teil eine Extraktionsposition der Kapsel entlang einer Achse (25) der genannten Aufnahme festlegt,
- ein Teil zur Einführung und Positionierung, das Führungsmittel (6, 7) für die Kapsel aufweist, welche Führungsmittel derart angeordnet sind, dass die Kapsel durch Schwerkraft einführbar ist und die genannte Kapsel in einer Zwischenposition positionierbar ist, wobei der Führungsrand in den Führungsmitteln (6, 7) aufgenommen wird, wobei die Führungsmittel Führungsschienen sind, die ein Einstecken des genannten Flansches ermöglichen,
- ein Getränkeauslasssystem (19, 53),

wobei das zweite bewegliche Teil (3) derart ausgelegt ist, um die Kapsel (16) von der Zwischenposition in die Extraktionsposition während des Schließens der Vorrichtung zu schieben,
dadurch gekennzeichnet, dass die Führungsmittel (6, 7) Blockiermittel (20) aufweisen, die dazu ausgelegt sind, die Kapsel (16) in der Zwischenposition zu halten, verschoben gegenüber der Achse (25) der Kapsel in der Extraktionsposition; wobei der Flansch in der Zwischenposition gegen die Blockiermittel anschlägt, und
dadurch, dass das zweite bewegliche Teil (3) die Kapsel aufnimmt, um sie von der Zwischenposition in die Extraktionsposition längs der Achse (25) der Kapsel in der Extraktionsposition in der genannten Aufnahme (4) zu verbringen, derart, dass während der Bewegung der mobile Teil auf die Kapsel einwirkt, um sie abzusenken, wobei der Flansch der Kapsel unter die Blockiermittel (20) gelangt, und um die Kapsel längs der Achse (25) des genannten beweglichen Teils in ihre Extraktionsposition schieben.“[300]

Im Wesentlichen schützte das Patent ein Extraktionssystem, das sowohl aus der Extraktionsvorrichtung – der Kaffeemaschine – als auch aus den dazugehörigen Kaffeekapseln bestand. Die Klägerin vertrieb die Kaffeemaschine durch ihren ausschließlichen Lizenznehmer im Set mit einer geringen Anzahl von Kaffeekapseln, weitere Kaffeekapseln wurden zum separaten Erwerb angeboten.[301] Die Beklagte vertrieb Kaffeekapseln über das Internet, die in der Kaffeemaschine der Klägerin benutzt werden konnten, worauf sie sowohl in der Produktbeschreibung im Internet als auch auf der Produktverpackung hinwies. Hiergegen ging

300 OLG Düsseldorf, GRUR-RR 2013, 185 und 186 – Nespressokapseln.
301 OLG Düsseldorf, GRUR-RR 2013, 186 – Nespressokapseln.

die Patentinhaberin vor. Laut ihrem Vortrag verletzte die Beklagte durch den Vertrieb der Kaffeekapseln mittelbar das Patent. Nach Verbrauch der mit der Kaffeemaschine gelieferten Kapseln vervollständigten die von der Beklagten an die Endverbraucher gelieferten Kapseln das patentierte Extraktionssystem wieder, die technische Lehre des Patents werde hierdurch erneut und ohne Zustimmung der Patentinhaberin verwirklicht.

Die Beklagte verteidigte sich unter anderem mit dem Erschöpfungseinwand. Durch den mit Zustimmung der Patentinhaberin erfolgten Verkauf der Kaffeemaschine mit Kapseln sei das Patentrecht der Klägerin erschöpft. Der Austausch der Kaffeekapseln sei nicht als Neuherstellung der patentgemäßen Sache, sondern als bestimmungsgemäßer Gebrauch zu qualifizieren.

Auf den ersten Blick beschäftigt sich der Fall mit der Abgrenzung einer verletzenden Neuherstellung des Patentgegenstandes gegenüber einer erlaubten Wiederherstellung desselben. Im Gegensatz zu der Neuherstellung ist die Wiederherstellung des Patentgegenstandes von der Erschöpfung umfasst und somit zulässig.[302] Die Vertreter der vorgelagerten Erschöpfungstheorie interessierte jedoch vor allem die Argumentation des OLG Düsseldorf:

Das Landgericht wies die Klage ab, das OLG bestätigte das landgerichtliche Urteil und begründete seine Entscheidung unter anderem damit, dass sich die Abgrenzung zwischen Neuherstellung und Wiederherstellung danach richte, ob die technische Erfindung in den ausgetauschten Teilen verkörpert sei. Trete in den ausgetauschten Teilen die technische Wirkung der Erfindung zum Vorschein, so werde durch den Austausch dieses Teiles der technische oder wirtschaftliche Vorteil der Erfindung erneut verwirklicht. Dann läge eine patentverletzende Neuherstellung vor.[303]

Diese Argumentation erlaubt den Umkehrschluss, dass eine Patentverletzung ausscheidet, wenn das ausgetauschte Teil die Erfindung nicht verkörpert. Hieraus kann man weitergehend ableiten, dass der Patentinhaber keine zweite Belohnung für eine Handlung verlangen soll, bei der der wirtschaftliche oder technische Vorteil der Erfindung nicht genutzt wird.[304]

Diese Argumentation übertragen die Vertreter der vorgelagerten Erschöpfungstheorie auf den Problemfall der Doppelverwertungsmöglichkeiten bei parallelen Sach- und Systemansprüchen. Auch in diesem Fall sollte der Patentinhaber keine zweite Belohnung erhalten, wenn durch das Hinzufügen weiterer

302 Benkard-Scharen, Patentgesetz, § 9 Rn. 24, Kühnen, Patentverletzung, Rn. 1795.

303 OLG Düsseldorf, GRUR-RR 2013, 185, 191 – Nespressokapseln.

304 Schönbohm/Ehlgen, Mitt. 2016, S. 108.

patentgemäßer Merkmale (in diesem Fall dem Einfügen der Patentsache in das patentgemäße System) der wirtschaftliche oder technische Vorteil der Erfindung nicht genutzt werde, da der technisch wesentliche Teil der Erfindung nur in der Patentsache nach dem Sachanspruch verwirklicht sei und dieser Teil bereits erschöpft sei.[305] Die Interessenlagen seien vergleichbar, denn auch in der zugrunde liegenden Entscheidung ging es um ein System, durch Hinzufügen der No-Name Kaffeekapseln werde dieses komplettiert. Da jedoch bereits in der Kaffeemaschine der wesentliche technische Vorteil der Erfindung verwirklicht sei und die Rechte des Patentinhabers an dieser erschöpft seien, stelle das erneute Hinzufügen weiterer Kaffeekapseln keine Patentverletzung dar. In der Entscheidung sei mithin ein Rückhalt für die vorgelagerte Erschöpfungstheorie zu finden.

4. Kritik

Die Theorie der vorgelagerten Erschöpfung setzt ebenso wie die erweiterte Erschöpfungstheorie zur Lösung des Problems auf der Rechtsfolgenseite an. Die Erschöpfungsdogmatik wird modifiziert, sodass die Erschöpfungswirkung bereits eintritt, wenn der schutzfähige Teil des Patents durch den Patentinhaber oder mit Zustimmung desselben in den Verkehr gebracht wird.

Hierdurch vermeidet die vorgelagerte Erschöpfungstheorie ebenfalls die Nachteile der Lizenztheorie und schafft auch für die nachgelagerte Absatzstufe eine rechtssichere Lösung.

a. Prüfung der Schutzfähigkeit durch das Verletzungsgericht

Die Prüfung der Schutzfähigkeit durch das Verletzungsgericht nach der vorgelagerten Erschöpfung mutet jedoch auf den ersten Blick systemwidrig an. Es scheint der Kompetenzverteilung im Patentrecht zu widersprechen, dass das Verletzungsgericht Fragen der Schutzfähigkeit prüft, denn das Patentrecht unterscheidet streng zwischen Nichtigkeits- und Patentverletzungsverfahren.[306] Das bedeutet, dass der Rechtsbestand des Patents nicht im Rahmen des Patentverletzungsverfahrens, sondern in einem gesonderten Nichtigkeitsverfahren geprüft wird. Ein daraus folgender, dem Patentrecht immanenter Grundsatz ist

---

305 Schönbohm/Ehlgen, Mitt. 2016 S. 109 unter Zitat von (Rn. 34): „Diese Parallele zieht ebenfalls LG Düsseldorf, Urt. v. 3.6.2014 – 4c O 98/13 – Oszillationsantrieb. Nach Nestec v. Dualit, [2013] EWHC 923 (Pat), Rn. 165, 167 kommt es ebenfalls nicht auf die Anspruchsformulierung, sondern den Gehalt der Erfindung an.“

306 BeckOK-Loth, Patentrecht, Rn. 462.

die Bindung des Verletzungsgerichts an die Erteilungsentscheidung des Patentamtes.[307] Erst wenn das Patent im Nichtigkeitsverfahren für nichtig erklärt wurde, kann das Verletzungsgericht die Nichtigkeit in seiner Entscheidung berücksichtigen. Dem Beklagten verbleibt im Verletzungsprozess der Einwand der fehlenden Schutzfähigkeit nur in der Form, dass er eine Aussetzung des Verletzungsverfahrens nach § 148 ZPO beantragen kann, unter Bezugnahme auf ein parallel laufendes Nichtigkeitsverfahren.[308] Üblicherweise wird das Verletzungsgericht dem Antrag nur bei erheblichen Zweifeln an dem Rechtsbestand des Patentes stattgeben.

Nach der vorgelagerten Erschöpfungstheorie prüft das Verletzungsgericht bei der Frage der Erschöpfung jedoch nicht per se die Schutzfähigkeit des Patents oder des Patentanspruchs. Es prüft lediglich, ob der Systemanspruch neben dem als schutzfähig unterstellten Vorrichtungsteil weitere, für sich genommen schutzfähige Elemente beinhaltet. Wenn das Verletzungsgericht diese Frage verneint und hierdurch zur Rechtsfolge der Erschöpfung (auch) des Systemanspruchs gelangt, trifft es damit keine Aussage zu dem Rechtsbestand des Patents. Im Gegenteil: Um die Frage der Erschöpfung sinnvoll zu prüfen, muss das Gericht den Rechtsbestand des Patents unterstellen, denn bei Nichtigkeit des Patents wäre die Frage der Erschöpfung hinfällig und eine Patentverletzung wäre bereits ausgeschlossen.

b. Ergebnis

Daraus folgt, dass die Prüfung der Schutzfähigkeit durch das Verletzungsgericht nach der vorgelagerten Erschöpfungstheorie zunächst zwar befremdlich anmutet, jedoch nicht im Widerspruch zu der strikten Trennung des Verletzungs- und Nichtigkeitsverfahrens steht.

Für die vorgelagerte Erschöpfungstheorie sprechen im Grundsatz dieselben Erwägungen wie für die erweiterte Erschöpfungslehre. Gegenüber der erweiterten Erschöpfungslehre kann sie zusätzlich für sich ins Feld führen, dass die Prüfung der Schutzfähigkeit der verbleibenden Merkmale ein bekannter und bewährter Prüfungspunkt ist, während der Wesentlichkeitsbegriff der erweiterten Erschöpfungslehre bis zu seiner Ausformung durch Literatur und Rechtsprechung Rechtsunsicherheit birgt.

---

307 Osterrieth, Patentrecht, Rn. 961; BGH GRUR 2010, 602, Rn. 33 – Gelenkanordnung; BGH GRUR 2005, 41, 43 – Staubsaugersaugrohr.

308 Osterrieth, Patentrecht, Rn. 961.

VIII. Partielle Erschöpfung

1. Ansatz

Abschließend soll auf eine Idee eingegangen werden, die bislang nur als kurzer Gedanke in einem Beitrag[309] zu finden war. Nach den bisher diskutierten Lösungsansätzen führt das Inverkehrbringen der schutzbegründenden Vorrichtung zu einem Ausschluss der Ansprüche des Patentinhabers. Auf Rechtsfolgenseite wird durch vertragliche Gestaltung oder Ausdehnung der Erschöpfungswirkung das Ergebnis erzielt, dass auch bezüglich des parallelen Systemanspruchs des Patentinhabers keine weiteren Ansprüche gegen den Erwerber der patentgemäßen Sache bestehen.

Demgegenüber tritt nach den Vertretern der eingeschränkten Erschöpfungslösung keine Erschöpfung des Systemanspruchs durch Inverkehrbringen der Vorrichtung nach dem Sachanspruch ein. Somit kann der Patentinhaber gegen die oftmals einzige bestimmungsgemäße Verwendung des Patentinhabers vorgehen und unter Androhung eines Vorgehens aus seinem Unterlassungsanspruch gegebenenfalls weitere hohe Lizenzzahlungen oder eine Einmalzahlung verlangen.

Fast schon zwingend stellt sich die Frage nach einem Mittelweg als Lösung zwischen den beiden Extrempositionen. Dieser Gedanke eines mehrstufigen Interessenausgleichs[310] müsste die Interessen des Erwerbers an der ungestörten und rechtssicheren Weiterverwendung der erworbenen patentgemäßen Sache sowie das Interesse des Patentinhabers an der vollen Verwertung seines Patents in Ausgleich bringen.

In diesem Sinne wird in der Literatur vorgeschlagen, zwischen den Verbietungs- und Ausgleichsansprüchen zu differenzieren.[311] Um das Druckmittel des Unterlassungsanspruchs zu entschärfen, könnte man die Erschöpfungsdogmatik dahin gehend erweitern, dass lediglich der Unterlassungsanspruch erschöpft ist, wenn der wesentliche Teil der Erfindung bereits durch den Patentinhaber oder mit seiner Zustimmung in den Verkehr gebracht wurde oder aber nach Inverkehrbringen der Vorrichtung nach dem Sachanspruch kein weiterer schutzfähiger Bestandteil des Systemanspruchs verbleibt. Der Ausgleichanspruch besteht dann fort. Über die Höhe des Ausgleichs für die zusätzliche Nutzung des patentierten Systems kann im Streitfall ein Gericht entscheiden, ohne

309 Samson/Haft-Himmelstjerna, FS Reimann, S. 183.
310 Samson/Haft-Himmelstjerna, FS Reimann, S. 183.
311 Samson/Haft-Himmelstjerna, FS Reimann, S. 183.

dass der Erwerber der patentierten Sache eine einstweilige Verfügung fürchten muss und sich vor dieser Drohkulisse in einen unvorteilhaften Vergleich flüchtet. Die Ausgleichshöhe kann insbesondere daran bemessen werden, inwiefern dem Systemanspruch selbstständige Bedeutung neben dem Sachanspruch zukommt.

Diese Lösung – hier als „partielle Erschöpfungstheorie" bezeichnet – modifiziert mithin die bereits vorgestellten Erschöpfungstheorien auf der Rechtsfolgenseite und schränkt die ausgedehnte Erschöpfung auf den Unterlassungsanspruch ein. In diesem Sinne stellt sie keine vollwertige weitere Lösung dar, die selbstständig neben den bereits vorgestellten Ansätzen steht, sondern ist eher als Variation der bereits behandelten Erschöpfungstheorien zu verstehen.

2. Beispielpatent

An dem Beispielpatent des Mikroprozessors veranschaulicht, käme die Lösung zu folgendem Ergebnis:

Im ersten Ansatz wäre zu prüfen, ob der wesentliche Teil der Erfindung bereits durch den Patentinhaber oder mit seiner Zustimmung in den Verkehr gebracht wurde oder aber der Systemanspruch neben dem – bereits erschöpften – Vorrichtungsteil keine weiteren schutzfähigen Bestandteile enthält. Wie bereits geprüft[312] tritt bei dem Beispielpatent nach beiden Prüfungsansätzen Erschöpfung ein, wenn der Vorrichtungsteil in den Verkehr gebracht wurde.

Die Erschöpfung würde sich nach der Modifizierung durch die partielle Erschöpfungstheorie jedoch lediglich auf den Unterlassungsanspruch auswirken. Demnach wäre es dem Patentinhaber verwehrt dem Erwerber des Mikroprozessors oder einem Dritten zu untersagen den Prozessor in ein Computersystem einzubauen. Der Verkauf der unter Verwendung des Mikroprozessors gebauten Computer könnte damit rechtssicher erfolgen.

Offen wäre jedoch die Frage nach dem Ausgleichsanspruch. Dieser wäre nicht erschöpft. Für die Nutzung des Systems nach dem Systemanspruch könnte der Patentinhaber von seinem Abnehmer oder dem Dritten einen Ausgleich verlangen. Wie bereits erläutert, fügte der Systemanspruch dem Sachanspruch im vorliegenden Fall lediglich einen Bus zum Austausch der Informationen zwischen dem Mikroprozessor und dem Computersystem hinzu. Demnach ist der Mehrwert des Mikroprozessorsystemanspruchs – davon abgesehen, dass er wie

312 Siehe oben E. VI. 3 und E. VII. 2.

dargelegt keine weiteren schutzfähigen Bestandteile enthält – äußerst gering. Wenn überhaupt gerechtfertigt, würde ein Ausgleichsanspruch nur im äußerst geringen Umfang bestehen. Die Höhe könnte entweder durch die Parteien vereinbart oder im Streitfall durch ein Gericht festgesetzt werden.

3. Kritik

Die vorherrschende Begründung zu den vorgestellten Lizenz- und Erschöpfungstheorien ist, dass die Vorrichtung nach dem Sachanspruch den erfinderischen Teil des Patents beinhaltet und der hierüber hinausgehende Systemanspruch dem Sachanspruch lediglich Unwesentliches, nicht Schutzfähiges oder Selbstverständliches hinzufügt.

Aus diesem zusätzlichen Systemanspruch sollte der Patentinhaber nicht mehr gegen den Erwerber oder die Abnehmer auf späterer Absatzstufe vorgehen können. Es sollte insbesondere verhindert werden, dass mit dem Damoklesschwert des Unterlassungsanspruchs und der immanenten Androhung eines Verkaufstops weitere hohe Lizenzgebühren oder Einmalzahlungen gleichsam „erpresst" werden könnten.

Hiermit ist jedoch noch nicht gesagt, dass dem Patentinhaber kein Ausgleich für die Nutzung seines patentierten Systems zusteht.

Die Höhe des Ausgleichsanspruchs dürfte oftmals relativ niedrig ausfallen – schließlich enthält der Systemanspruch gerade nichts weitergehend Wesentliches oder Schutzfähiges im Vergleich zu dem Sachanspruch. In vielen Fällen wird es also für den Patentinhaber kaum lohnenswert sein, überhaupt um den Ausgleichsanspruch – insbesondere unter Zuhilfenahme der Gerichte – zu streiten.

Nichtdestotrotz kann der fortbestehende, von der Erschöpfung nicht umfasste Ausgleichsanspruch ein wichtiges Korrektiv in den Fällen sein, in denen dem Systemanspruch ein gewisser Mehrwert innewohnt und der Erwerber einen hohen Umsatz mit dem komplettierten System macht. Immerhin ist der Systemanspruch nach höchstrichterlicher Rechtsprechung neben dem Sachanspruch patentierbar, solange er nicht identisch mit demselben ist. Einen gewissen eigenen Wert wird er also generell beinhalten und für diesen – durch den Patentinhaber geschaffenen und geschützten Mehrwert – steht ihm auch eine angemessene Belohnung zu, so gering diese im Einzelfall auch ausfallen mag.

IX. Streitentscheid

Nach Darstellung der verschiedenen Ansätze zur Lösung der Problematik der parallelen Sach- und Systemansprüche stellt sich nun die Frage, welcher dieser Ansätze vorzugswürdig ist. Im Rahmen der einzelnen Ansätze wurden bereits in den Abschnitten „Kritik" einzelne Argumente für und gegen die Ansätze vorgebracht, im Folgenden sollen die Ansätze abschließend direkt gegenübergestellt und auf ihre Vorzugswürdigkeit geprüft werden.

1. Vergleich zu dem Lizenzmodell

Nachdem zwei Ansätze zur Auflösung des Doppelverwertungsproblems über eine Modifizierung der Erschöpfung vorgestellt wurden, ist nun zu klären, ob der Weg über die Erweiterung der Erschöpfungswirkung gegenüber der Lizenzlösung zu bevorzugen ist.

Die Vertreter des Lizenzmodells sowie der vertragliche Ansatz suchen die Lösung des Problems auf schuldrechtlicher Ebene. Dadurch bleibt die bekannte und in vielen Konstellationen bewährte Erschöpfungsdogmatik unverändert erhalten. Darüber hinaus ermöglicht das Lizenzmodell einzelfallabhängige Lösungen. Die Parteien können das Ergebnis des Lizenzmodells beeinflussen, indem sie explizit etwas anderes vereinbaren, weil sie die Erteilung einer konkludenten Lizenz in ihrem Fall nicht wünschen.

Hierin liegt sowohl die Stärke als auch die Schwäche des Lizenzmodells: Einerseits können die Parteien durch explizite Vereinbarungen eine auf den Einzelfall zugeschnittene Lösung finden, andererseits aber kann der Patentinhaber die Beeinflussbarkeit des Lizenzmodelles für sich ausnutzen. Durch die explizite Aussage, dass in den Verkauf des Patentgegenstandes keine weitere Willenserklärung hineinzulesen sind, kann der Patentinhaber die Wirkung des Lizenzmodells auf einfache Weise aushebeln. Indem er sich schlicht seine Rechte vorbehält, erhält er sich die aufgezeigte Doppelverwertungsmöglichkeit.

Zudem stellt auch die inter partes Wirkung von Lizenz oder Vertrag eine weitere Schwachstelle des Lizenzmodells dar. Sie führt zu der aufgezeigten Rechtsunsicherheit, es ist unklar, wie diese sich auf das wirtschaftliche Risiko und die hieraus abgeleitete Investitionsbereitschaft der Abnehmer des Patentgegenstandes auswirkt.

Auch die eventuelle Vergabe mehrerer Lizenzen durch den Patentinhaber an die Beteiligten der Wertschöpfungskette wäre wenig praktikabel, da im Vorfeld oftmals noch nicht bekannt ist, wer als Abnehmer Teil der Wertschöpfungskette werden wird. Der Patentinhaber müsste gegebenenfalls bei jedem Weiterverkauf eine neue Lizenz erteilen, was nicht besonders praktikabel sein dürfte. Ebenso stellt die Annahme einer konkludenten Unterlizenzerteilungsermächtigung keine befriedigende Lösung dar, denn die konkludente Unterlizenz auf nachgelagerter Abnehmerstufe ist gegenüber Veränderungen im Verhältnis zwischen dem Patentinhaber und dem Hauptlizenznehmer nicht hinreichend geschützt.

Demgegenüber entfaltet die Erschöpfung Wirkung gegenüber jedermann – also auch gegenüber Dritten – und tritt ein, sobald objektive Voraussetzungen erfüllt sind. Der Patentinhaber kann hierbei den Eintritt der Erschöpfung durch eine gegenteilige Erklärung nicht beeinflussen. Aus diesem Grund bietet es sich an eine Lösung der Doppelverwertungsmöglichkeit über eine Modifikation des bisher vertretenen Erschöpfungsgrundsatzes zu suchen. Hierfür stehen die beiden dargestellten Erschöpfungstheorien – die erweiterte sowie die vorgelagerte Erschöpfung – zur Verfügung.

2. Vergleich der vorgelagerten Erschöpfungstheorie zur erweiterten Erschöpfungstheorie

Im Vergleich der beiden Erschöpfungstheorien stellt sich nun die Frage, welche Unterschiede und gegebenenfalls Vorteile die vorgelagerte Erschöpfung gegenüber der erweiterten Erschöpfung aufweisen kann und vice versa.

Die beiden Theorien setzen an unterschiedlichen Punkten an:

Die erweiterte Erschöpfungstheorie prüft, ob der Systemanspruch im Vergleich zu dem Sachanspruch weitere wesentliche Merkmale enthält. Ist dies nicht der Fall, wirkt die Erschöpfung des Sachanspruchs auch auf den Systemanspruch.

Demgegenüber untersucht die vorgelagerte Erschöpfungstheorie, ob der Sachteil des Systemanspruchs auch für diesen schutzbegründend ist. Hierzu zieht sie den bereits erschöpften Sachanspruchsteil des Systemanspruchs ab und prüft, ob in dem Systemanspruch weitere, selbstständig schutzfähige Merkmale verbleiben. Ist dies nicht der Fall, wirkt die Erschöpfung des Sachanspruchs ebenfalls auf den Systemanspruch.

Im Streitfall muss das Verletzungsgericht bei Anwendung der vorgelagerten Erschöpfungstheorie somit prüfen, ob der parallele Systemanspruch schutzfähige Merkmale beinhaltet, die über den bereits erschöpften Sachanspruch hinausgehen. Das Merkmal der Schutzfähigkeit ist ein im Patentrecht lange bekannter und ausgeformter Prüfungspunkt, sodass der Prüfungsmaßstab bereits etabliert und für die beteiligten Parteien fassbar ist. Das unterscheidet die vorgelagerte Erschöpfungstheorie von der erweiterten Erschöpfungstheorie, die auf das noch unbekannte Merkmal der Wesentlichkeit abstellt und hierdurch zumindest bis zu einer Festigung der Rechtsprechung in dieser Frage zu Unsicherheiten führt.

Insofern kann ein geringer Vorteil zugunsten der vorgelagerten Erschöpfung festgestellt werden. Darüber hinaus gleichen sich die Theorien in Ansatz und Rechtsfolge und sind beide der Lizenzlösung vorzuziehen.

3. Partielle Erschöpfungstheorie

Eine weitere, interessante Variante der beiden Erschöpfungstheorien bietet die partielle Erschöpfungstheorie. In den seltenen Einzelfällen, in denen der Systemanspruch einen eigenen Wert beinhaltet, führt sie dazu, dass der Patentinhaber seinen fortbestehenden Ausgleichsanspruch geltend machen und so an den Gewinnen partizipieren kann. Im Ergebnis sprechen somit gute Argumente für eine Erweiterung der Erschöpfung unter Modifikation der Rechtsfolgenseite nach der partiellen Erschöpfungstheorie.

F. Erschöpfung bei Verfahrensansprüchen

I. Einleitung

Der zweite Teil dieser Arbeit beschäftigt sich mit einem Patent, das einen Sachanspruch sowie einen fast inhaltsgleichen Verfahrensanspruch als Nebenanspruch beinhaltet. Diese Problematik mutet zunächst vergleichbar mit der bereits dargestellten Problematik der fast deckungsgleichen parallelen Sach- und Systemansprüche an:

In dem zweiten Problemfall schützt der Sachanspruch eine Vorrichtung, während der Nebenanspruch in Form eines Verfahrensanspruchs die Benutzung eben dieser Sache schützt. Das kann beispielsweise das Verfahren zum Betrieb einer durch den Sachanspruch bereits geschützten Maschine sein. Hier stellt sich das Problem, dass der Verfahrensanspruch den – oftmals einzigen – bestimmungsgemäßen Gebrauch der Vorrichtung nach dem Sachanspruch schützt. Wenn die Vorrichtung durch den Patentinhaber oder mit seiner Zustimmung durch einen Dritten in den Verkehr gebracht wurde, erschöpfen sich die Rechte des Patentinhabers aus dem Sachanspruch an derselben.

Die Erschöpfung hat nach in Schrifttum sowie Rechtsprechung anerkanntem Grundsatz zur Folge, dass das weitere Inverkehrbringen, das Anbieten und insbesondere auch der Gebrauch der konkreten Sache dem Verbietungsrecht des Patentinhabers entzogen sind.[313] Demnach wäre der nach dem Verfahrensanspruch gesondert geschützte Gebrauch der Vorrichtung nach den feststehenden Erschöpfungsgrundsätzen durch das Inverkehrbringen der Vorrichtung erschöpft.

Erneut ist zu hinterfragen, ob es stimmig ist, wenn der Patentinhaber eine Vorrichtung nach seinem Sachanspruch verkauft und sodann ein zweites Mal ein Entgelt von dem Erwerber verlangen kann, wenn dieser die Vorrichtung bestimmungsgemäß gebraucht. Auch hier zählt maßgeblich der Gesichtspunkt, dass das geschützte Verfahren nach dem Verfahrensanspruch den bestimmungsgemäßen Gebrauch der Sache nach dem Sachanspruch umfasst und somit der Vorrichtung nach dem Sachanspruch wenig hinzufügt.

---

313 Kraßer/Ann, § 33, Rn. 274; RG, RGZ 51, 139 – Guajakol-Karbonat; RG, RGZ 63, 394, 398 – Koenigs Kursbuch; RG RGZ 86, 436, 440 – autogenes Schneidverfahren; BGH BGHZ 2, 261, 267 f. – Tauchpumpensatz; BGH GRUR 1959, 232 – Förderrinne; BGH GRUR 1973, 518, 520 – Spielautomat II; BGH GRUR 1975, 206, 207 – Kunststoffschaumbahnen; BGH GRUR 1980, 38, 39 – Fullplastverfahren.

Der reine Verweis auf die zuvor bereits diskutierten Theorien verbietet sich jedoch, da das Problem im Fall des parallelen Sach- und Verfahrensschutzes anders gelagert ist:

Bei parallelen Sach- und Systemansprüchen wurde durch das Inverkehrbringen der Vorrichtung nach dem Sachanspruch bereits der schutzbegründende Teil auch des Systemanspruchs in den Verkehr gebracht. Der Systemanspruch fügte dem Sachanspruch lediglich unwesentliche Standardteile hinzu. Fraglich ist, inwiefern die Erschöpfung des schutzbegründenden Sachteils auf den gesamten Systemanspruch wirkt.

Demgegenüber sind die parallelen Sach- und Verfahrensansprüche im hier diskutierten Problemfall inhaltsgleich. Der Sachanspruch stellt die Vorrichtung dar, der Verfahrensanspruch den Betrieb derselben. Hier stellt sich nicht die Frage nach einem „Mehr" des Verfahrensanspruchs im Vergleich zu dem Sachanspruch, das es gleichsam mit einer Erweiterung der Erschöpfung zu „überbrücken" gilt, sondern nach der direkten Wirkung der Erschöpfung des Sachanspruchs auf den deckungsgleichen Verfahrensanspruch.

Darüber hinaus beinhaltet die Problematik bei den parallelen Sach- und Verfahrensansprüchen eine weitere Dimension: An einem deutlich vorgelagerten Punkt anknüpfend stellt sich bereits die Frage, ob sich die Rechte des Patentinhabers aus seinem Verfahrensanspruch überhaupt erschöpfen können.

II. Gibt es eine Erschöpfung von Verfahrensansprüchen?

Bei der Beantwortung der Frage, ob sich die Rechte des Patentinhabers an einem Verfahrenspatent erschöpfen können, findet der bereits diskutierte[314] Grundsatz der „Objektbezogenheit der Erschöpfung" Anwendung. In gebotener Kürze zusammengefasst folgt aus diesem Grundsatz, dass die Erschöpfung nur an dem konkret in den Verkehr gebrachten Gegenstand eintritt[315] und auch nur in dem Umfang, in dem der Gegenstand in den Verkehr gebracht wurde.[316] Diese gegenständliche Anknüpfung der Erschöpfung stellt im Fall von Sachansprüchen und den an diesen angelehnten Systemansprüchen kein Problem dar, da Schutzgegenstand dieser Ansprüche bereits eine Sache oder eine Sache in einem System ist. Darüber hinaus sind die Benutzungshandlungen bei den Sachpatenten

314 Siehe oben E. II. 1. b.

315 LG Düsseldorf 4c O 98/13 – Oszillationsantrieb; Kühnen, Patentverletzung, Rn. 1781; Schulte-Rinken/Kühnen, Patentgesetz, § 9 Rn. 21; allgemein hierzu EuGH, GRUR 2010, 723, 724 f. – Coty Prestige/Simea Trading (Markenrecht).

316 Schulte-Rinken/Kühnen, Patentgesetz, § 9 Rn. 21.

nach § 9 S. 2 Nr. 1 PatG gegenstandsbezogen, demnach ist es jedem Dritten ohne Zustimmung des Patentinhabers verboten:

> *„[...] ein Erzeugnis, das Gegenstand des Patents ist, herzustellen, anzubieten, in Verkehr zu bringen oder zu gebrauchen oder zu den genannten Zwecken entweder einzuführen oder zu besitzen; [...]“*

Im Fall eines Sachpatentes ist es somit relativ einfach, den Gegenstand der Erschöpfung zu bestimmen: die in den Verkehr gebrachte patentgemäße Sache.

Demgegenüber ist Schutzgegenstand eines Verfahrensanspruchs ein Verfahren, beispielsweise ein Herstellungs- oder Anwendungsverfahren.[317] Verboten ist gemäß § 9 S. Nr. 2 PatG:

> *„[...] ein Verfahren, das Gegenstand des Patents ist, anzuwenden oder, wenn der Dritte weiß oder es auf Grund der Umstände offensichtlich ist, daß die Anwendung des Verfahrens ohne Zustimmung des Patentinhabers verboten ist, zur Anwendung im Geltungsbereich dieses Gesetzes anzubieten; [...]“*

Die Anwendung des patentgemäßen Verfahrens, also sein bestimmungsgemäßer Gebrauch, und das Anbieten ist dem Patentinhaber laut Gesetz vorbehalten.[318]

Demnach fehlt bei Verfahrenspatenten die gegenständliche Anknüpfung und damit der Bezugspunkt für die Erschöpfung, wie er bei Sachpatenten bekannt ist. Es stellt sich die Frage, ob das Verfahren überhaupt in den Verkehr gebracht werden kann, da es als abstrakte Handlungsanweisung der Gegenständlichkeit entbehrt. Das wurde nach früherem Recht angenommen,[319] das Inverkehrbringen war damals jedoch auch als Verletzungshandlung qualifiziert. Mittlerweile ist nach dem Gesetzeswortlaut das Inverkehrbringen keine dem Patentinhaber vorbehaltene Handlung mehr. Das führt zu der Frage, ob die Erschöpfungsregeln auf das Verfahren anwendbar sind, da der Anknüpfungspunkt des Inverkehrbringens fehlt und sich das Verfahren nicht in der Form auf Einzelstücke konkretisieren lässt, dass zu bestimmen wäre, an welchem konkreten, einzelnen Verfahren sich die Rechte des Patentinhabers erschöpft haben. Aus diesem speziellen Charakter des Verfahrens wird in der Literatur der Schluss gezogen, dass sich die Rechte des Patentinhabers an seinem patentgeschützten Verfahren nicht (durch das Inverkehrbringen) erschöpfen können.[320]

---

317 Mes, Patentgesetz, § 9 Rn. 56 mit Verweis auf beispielsweise Arbeitsverfahren – BGH GRUR 2005, 845 – Abgasreinigungsvorrichtung.

318 Mes, Patentgesetz, § 9 Rn. 56.

319 Kraßer/Ann, Patentgesetz, § 33 Rn. 145 ff. m.w.N.

320 Benkard-Scharen, Patentgesetz, § 9 Rn. 25, Haedicke, S. 102, Rn. 14; Kraßer/Ann, Patentrecht, § 33, Rn. 317; Ahrens, Gewerbl. Rechtsschutz, Rn. 259.

In der Praxis stellt sich die Frage der Erschöpfung bei Verfahrenspatenten auch nicht in der gleichen Form wie bei Sachpatenten, da das Verfahren aufgrund seiner fehlenden Gegenständlichkeit dem Abnehmer nicht übergeben wird, sodass sich die Frage der gegenständlichen Weiterveräußerbarkeit nicht stellt. Stattdessen wird die Anwendung oder das Anbieten des Verfahrens dem Abnehmer gegen Entgelt erlaubt.[321] Es stellt sich dann die Frage, inwiefern der Abnehmer diese Erlaubnis an Dritte weitergeben kann. An diesem Punkt setzen Stimmen in der Literatur an, die sich gegen die Möglichkeit der Erschöpfung eines Verfahrenspatents aussprechen. Würden sich die Rechte an dem Verfahren durch Verkauf an den ersten Abnehmer erschöpfen, könnte dieser seine Rechte an dem Verfahren an eine unbestimmte Anzahl Dritter weitergeben. Da das Verfahren nicht gegenständlich manifestiert sei, könne er ohne seine eigene Nutzung des Verfahrens einzustellen, dieses an Dritte weitergegeben,[322] eine Lösung, die abgelehnt wird,[323] denn so wäre es dem Patentinhaber genommen, das Patent weiter nach seinen Vorstellungen zu nutzen und zu verwerten.[324]

III. Paralleler Vorrichtungs- und Verfahrensschutz

Die soeben dargelegten Grundsätze erscheinen stimmig, kommen jedoch dann an ihre Grenzen, wenn der Patentinhaber dem Abnehmer nicht nur die Anwendung seines Verfahrens erlaubt, sondern ihm die hierfür notwendige Vorrichtung ebenfalls verkauft.

In diesem Fall sind verschiedene Konstellationen zu unterscheiden:

In der ersten Konstellation ist der Verkäufer der Vorrichtung, die zur Ausübung seines patentgeschützten Verfahrens dient, auch Inhaber eines Sachanspruchs zum Schutz der Vorrichtung. In der zweiten Konstellation ist die Vorrichtung gemeinfrei und der Patentinhaber hat lediglich Patentschutz für das Verfahren.

Beide Konstellationen haben die Rechtsprechung beschäftigt und wurden durch den Bundesgerichtshof mit unterschiedlichem Ausgang entschieden. Im Folgenden wird ein kurzer Überblick über die von dem Bundesgerichtshof zu entscheidenden Fälle und seine maßgebliche Argumentation zu der Erschöpfungsfrage gegeben.

---

321 Kraßer/Ann, Patentrecht, § 33, Rn. 317.

322 Haedicke, Patentrecht, S. 102, Rn. 14.

323 Kraßer/Ann, Patentrecht, § 33, Rn. 317.

324 Haedicke, Patentrecht, S. 102, Rn. 14.

1. Rechtsprechung

a. Fullplastverfahren

Im Jahr 1980 entschied der Bundesgerichtshof in der Sache „Fullplastverfahren".[325] Dem lag folgender Sachverhalt zugrunde:

Die Klägerin war Inhaberin verschiedener Patente, die sich auf die Herstellung von Skiern aus Kunststoff bezogen, unter anderem durch das sogenannte „Fullplastverfahren". Sie schloss mit der Beklagten im Jahr 1971 zwei Verträge. Zum einen verkaufte die Klägerin der Beklagten eine Anlage für die Herstellung von Skiern. Ein zweiter Vertrag – betitelt als „Lizenz- und Know-how-Vertrag" – erlaubte der Beklagten die Anwendung des „Fullplastverfahrens" zur Herstellung von Kunststoffskiern. Der Vertrag beinhaltete darüber hinaus eine Ausübungspflicht der Beklagten sowie einen prozentualen Lizenzsatz berechnet am Nettoverkaufspreis der nach diesem Verfahren produzierten Skier.

Die Beklagte kam ihrer Verpflichtungen aus dem Lizenzvertrag nicht nach, sodass die Klägerin sie auf Schadensersatz wegen Nichterfüllung der Skilieferungsvereinbarung in Höhe des nicht gezahlten Lizenzbetrages verklagte.

Im Rahmen ihrer Verteidigung gegen die Klage brachte die Beklagte unter anderem kartellrechtliche Bedenken gegen die Wirksamkeit des Lizenzvertrages vor.

Dieser Ansicht folgte das Berufungsgericht, welches den Lizenzvertrag wegen Verstoßes gegen §§ 20, 21 GWB für nichtig hielt. Die fraglichen Schutzrechte seien bereits durch die Veräußerung der Anlage erschöpft gewesen, sodass sich die Klägerin mit dem Lizenzvertrag eine Bezahlung für bereits erschöpfte Schutzrechte habe versprechen lassen. Das sei gemäß §§ 20, 21 GWB kartellrechtlich verboten. In der im Jahr 1980 geltenden Fassung sah das Gesetz gegen Wettbewerbsbeschränkungen in den § 20 Abs. 1 GWB folgende Regelungen vor:

> *„Verträge über Erwerb oder Benutzung von Patenten, Gebrauchsmustern oder Sortenschutzrechten sind unwirksam, soweit sie dem Erwerber oder Lizenznehmer Beschränkungen im Geschäftsverkehr auflegen, die über den Inhalt des Schutzrechts hinausgehen; Beschränkungen hinsichtlich Art, Umfang, Menge, Gebiet oder Zeit der Ausübung des Schutzrechts gehen nicht über den Inhalt des Schutzrechts hinaus."*

§ 21 Abs. 1 GWB erweiterte den Anwendungsbereich des § 20 GWB unter anderem auf die Überlassung und Benutzung gesetzlich nicht geschützter Erfindungsleistungen und Fabrikationsverfahren.

---

325 BGH, GRUR, 1980, 38, 39 – Fullplastverfahren, bestätigt durch BGH, GRUR 2001, 223, 224 – Bodenwaschanlage.

Nach Ansicht des Berufungsgerichts erschöpften sich demnach die Rechte der Klägerin aus ihrem Verfahrenspatent durch den Verkauf der zur Durchführung besagten Verfahrens geeigneten Anlage, sodass sich die Klägerin Lizenzzahlungen für ein Patent versprechen ließ, welches bereits erschöpft war.

Dieser Einschätzung widersprach der Bundesgerichtshof. Dieser führte aus:

„Das BerG hat verkannt, daß ein Verbrauch eines Schutzrechts nicht eintritt, wenn der Schutzrechtsinhaber eine Vorrichtung in den Verkehr bringt, die selbst nicht geschützt ist, sondern sich nur zur Ausführung eines geschützten Verfahrens […] eignet.“[326]

Der Bundesgerichtshof entschied sich für die Lösung des Problems über das bereits behandelte Lizenzmodell. Es würde dem Sinn des Veräußerungsvertrages über die Vorrichtung widersprechen, wenn der Veräußerer dem Erwerber die bestimmungsgemäße Benutzung der Vorrichtung unter Verweis auf sein Patentrecht verbieten könne. Demnach sei nach Sinn und Zweck des Veräußerungsvertrages anzunehmen, dass der Veräußerer dem Erwerber auch dann eine Erlaubnis zur Nutzung derselben erteilt hat, wenn dies nicht ausdrücklich zwischen den Parteien geregelt wurde. Eine Lizenz ist folglich bereits anzunehmen, wenn entgegenstehende Abreden fehlen.[327] Der Bundesgerichtshof verweist jedoch ausdrücklich darauf, dass über die näheren Umstände dieser (konkludenten) Lizenz noch keine Aussage getroffen wurde. Diese könne entgeltlich oder unentgeltlich ausgestaltet sein. Es sei dem Patentinhaber durchaus möglich die Lizenzierung seines Verfahrens von einer zusätzlichen Lizenzzahlung neben dem Verkaufspreis der Vorrichtung abhängig zu machen.[328]

Zur Begründung führt der Bundesgerichtshof folgendes Argument an: Die Frage, ob der Benutzer des geschützten Verfahrens eine Lizenzgebühr für die Nutzung des Verfahrens entrichten muss, könne nicht davon abhängen, ob er die für die Benutzung des Verfahrens notwendige Vorrichtung von dem Patentinhaber oder einem Dritten bezogen hat.[329]

Die Linie des Bundesgerichtshofs für die Fälle, in denen kein Patentschutz für die Vorrichtung besteht, ist somit klar: Durch die Veräußerung der Vorrichtung tritt keine Erschöpfung des Verfahrenspatents ein.

---

326 BGH GRUR 1980, 38, 39 – Fullplastverfahren.

327 So bestätigt durch BGH GRUR 2007, 773, 776, Rn. 28 – Rohrschweißverfahren.

328 BGH GRUR 1980, 38, 39 – Fullplastverfahren.

329 BGH GRUR 1980, 38, 39 – Fullplastverfahren.

b. Handhabungsgerät

Im Rahmen einer Rechtsbeschwerde[330] aus dem Jahre 1997 wurde die Frage an den Bundesgerichtshof herangetragen, ob ein nebengeordneter Verfahrensanspruch, der sich in der „Bedienungsanleitung“ der ebenfalls geschützten Vorrichtung erschöpfte,[331] neben den die Vorrichtung schützenden Sachansprüchen schutzfähig war.

Der Vorrichtungsanspruch lautete:

„Handhabungsgerät für Arbeiten im Stutzenbereich eines Behälters in einem Kernkraftwerk, insbesondere für zerstörungsfreie Prüfungen,
bei dem an zwei bewegbaren Wagen eine Schere angeordnet ist,
deren zwei Arme mit ihren einen Enden jeweils in einem an den Wagen angeordneten Fußgelenk gelagert sind und mit ihren anderen Enden über ein Scheitelgelenk miteinander verbunden sind,
an dem ein Träger für ein Werkzeug oder einen Prüfkopf angeordnet ist, und
daß die beiden Wagen auf einer in Umfangsrichtung des Stutzens angeordneten Ringschiene verfahrbar sind,
wobei jeder Wagen einen Antriebsmotor aufweist und damit in seiner Lage einstellbar ist, und
das Scheitelgelenk der Schere durch Änderung der Position mindestens eines Wagens mittels einer auf die Antriebsmotoren wirkenden Steuereinrichtung in eine vorgegebene Position und/oder auf einer vorgegebenen Bahn verfahrbar ist.“

(Absätze durch die Autorin)

Es folgten weitere Ansprüche, die den Hauptanspruch partiell abwandelten oder ihm etwas hinzufügten (Anspruch 2 bis 5).

Der korrespondiere Verfahrensanspruch (Anspruch 6) lautete:

„Verfahren zum Durchführen von Arbeiten im Stutzenbereich eines Behälters des Primärkreises in einem Kernkraftwerk mit einem Hantierungsgerät,
bei dem an zwei bewegbaren Wagen eine Schere angeordnet ist,
deren zwei Arme mit ihren einen Enden jeweils in einem an den Wagen angeordneten Fußgelenk gelagert sind und mit ihren anderen Enden über ein Scheitelgelenk miteinander verbunden sind,
an dem ein Träger für ein Werkzeug oder einen Prüfkopf angeordnet ist,
wobei die beiden Wagen auf einer in Umfangsrichtung des Stutzens angeordneten Ringschiene bewegt werden, und

---

330 BGH GRUR 1998, 130 ff. – Handhabungsgerät.

331 Siehe Leitsatz in BGH GRUR 1998, 130 – Handhabungsgerät: „Zum Rechtsschutzbedürfnis für einen Verfahrensanspruch, der sich in einer Bedienungsanleitung für eine ihrerseits durch einen Sachanspruch geschützten Vorrichtung erschöpft.“

die Lage der Wagen mittels je eines Antriebsmotors eingestellt wird,
das Werkzeug bzw. der Prüfkopf mittels auf die Arme wirkenden Federn, insbesondere pneumatisch/hydraulischen Zylindern, an die Behälterwand gedrückt wird, und
das Scheitelgelenk durch Änderung der Position mindestens eines Wagens mittels einer auf die Antriebsmotoren wirkenden Steuereinrichtung in eine vorgegebene Position und/oder auf einer vorgegebenen Bahn gesteuert wird."

(Absätze durch die Autorin)

Der Verfahrensanspruch liest sich als reine Beschreibung der Verwendung der Vorrichtung nach den Ansprüchen 1 bis 5. Aus diesem Grund verneinte der Bundesgerichtshof das Rechtsschutzbedürfnis des Erfinders an dem Schutz des Verfahrensanspruchs, der den Vorrichtungsansprüchen nichts hinzufügte. In diesem Punkt weicht die Entscheidung von der bereits behandelten Mikroprozessorentscheidung ab. In der Mikroprozessorentscheidung bejahte der Bundesgerichtshof das Rechtsschutzbedürfnis zum Schutz des nebengeordneten Systemanspruchs. Dem lag jedoch zugrunde, dass der fragliche Systemanspruch dem Vorrichtungsanspruch ein weiteres Merkmal hinzufügte – wenngleich dieses „trivial" erschien, so erschöpfte sich der Systemanspruch zumindest nicht in der reinen Beschreibung der bereits nach dem Sachanspruch geschützten Vorrichtung.

Interessant für den vorliegenden Fall sind jedoch insbesondere die Ausführungen des Bundesgerichtshofs zur Frage der Erschöpfung in der Entscheidung Handhabungsgerät. Unter Verweis auf die Entscheidung „Prospekthalter" betonte der Bundesgerichtshof zunächst, dass der Schutzrechtsinhaber seine Verbietungsrechte nur ein einziges Mal – bei der Veräußerung der geschützten Sache – geltend machen könne.[332] Daraus folgert er, dass es dem Schutzrechtsinhaber verwehrt sei, die patentgeschützte Vorrichtung zu verkaufen und sich hierbei die bestimmungsgemäße Verwendung derselben mit den Mitteln des Patentrechts vorzubehalten.[333]

Im Folgenden grenzte der Bundesgerichtshof die der Entscheidung „Handhabungsgerät" zugrunde liegende Konstellation von dem Sachverhalt in „Fullplastverfahren" ab: In der Entscheidung „Fullplastverfahren" habe er ausgeführt, dass die Veräußerung einer Vorrichtung, mit der ein patentgeschütztes Verfahren ausgeübt werden könne, nicht zur Erschöpfung des Verfahrenspatents führe, auch wenn der Veräußerer der Vorrichtung zugleich Inhaber des Verfahrenspatents sei. Entscheidender Unterschied zu „Handhabungsgerät" sei jedoch

332 BGH GRUR 1998, 130, 132 – Handhabungsgerät.
333 BGH GRUR 1998, 130, 132 – Handhabungsgerät.

gewesen, dass im dortigen Fall die veräußerte Vorrichtung nicht patentgeschützt war. Aufgrund des fehlenden Sachschutzes konnte keine Erschöpfung eintreten, auch nicht bezüglich des Verfahrenspatents. Das sei im Fall „Handhabungsgerät" anders, hier sei bereits die Vorrichtung durch einen Sachanspruch geschützt, deren Verkauf durch den Patentinhaber führe auch zur Erschöpfung des korrespondierenden Verfahrensanspruchs.

Demnach kam der Bundesgerichtshof für den Fall des parallelen Sach- und Verfahrensschutzes zu dem Ergebnis, dass eine Erschöpfung des Verfahrensanspruchs bereits durch den Verkauf der Vorrichtung eintritt.

c. *Bodenwaschanlage*

Die genannten Grundsätze bestätigte der Bundesgerichtshof in seiner Entscheidung „Bodenwaschanlage"[334] aus dem Jahr 2001. In dem zugrunde liegenden Fall wurde – vereinfacht dargestellt – eine Hochdruck-Bodenwaschanlage zur Reinigung kontaminierter Böden verkauft. In einem gesonderten Lizenzvertrag erlaubte der Verkäufer dem Käufer gegen die jährliche Zahlung einer Lizenzgebühr die Nutzung eines Verfahrens zur Reinigung, das bei dem Betrieb der Bodenwaschanlage zum Einsatz kam und durch ein Verfahrenspatent geschützt war. Die Klägerin klagte nun auf die Zahlung angeblich ausgebliebener Lizenzgebühren.

Auch hier stellte sich die Frage der Kartellrechtswidrigkeit des Lizenzvertrages, die vorläge, wenn die Rechte an dem Verfahren bereits durch den Verkauf der Bodenwaschanlage erschöpft wären und sich der Patentinhaber durch den Lizenzvertrag für sein erschöpftes Recht eine weitere Gegenleistung versprechen ließe.[335]

Der Bundesgerichtshof verwies zunächst auf die Grundsätze der „Fullplastverfahren"-Entscheidung, erklärt diese unter Hinweis auf die weitgehend zustimmende Literatur für gültig und wendet sie auf den zu entscheidenden Fall an. Wiederum grenzt er diese von der „Handhabungsgerät"-Entscheidung ab, indem er auf den parallelen Sachschutz der Vorrichtung in der Entscheidung „Handhabungsgerät" verwies. Er präzisiert sie dahin gehend, dass eine Erschöpfung des Verfahrensanspruchs möglich ist, wenn Sach- und Verfahrensanspruch in demselben Patent geschützt sind.[336] Der Bundesgerichtshof bejaht somit die

---

334 BGH GRUR 2001, 223 ff. – Bodenwaschanlage.

335 Durch eine Gesetzesänderung fanden sich die einschlägigen Normen nicht mehr in §§ 20, 21 GWB, sondern mittlerweile in §§ 17, 18 GWB.

336 BGH GRUR 2001, 223, 224 – Bodenwaschanlage.

Möglichkeit der Erschöpfung nicht umfassend, sondern konkret nur für den Fall, dass in demselben Patent sowohl eine Vorrichtung als auch das zugehörige Verfahren zum Betrieb dieser Vorrichtung geschützt ist.

Die Entscheidung kann mithin als vollumfängliche Bestätigung der zuvor ergangenen Rechtsprechung in der Sache eingeordnet werden.[337]

d. Zusammenfassung der Rechtsprechung des Bundesgerichtshofs

Im Ergebnis hat der Bundesgerichtshof entschieden, dass eine Erschöpfung des Verfahrensanspruchs grundsätzlich möglich ist. Entscheidendes Kriterium ist, ob Sachschutz für die Vorrichtung besteht, denn dann hat der Patentinhaber auch das Monopol über den Verkauf der Vorrichtung, mit der das patentgemäße Verfahren ausgeübt wird, und kann an dieser Stelle bereits die angemessene Entlohnung für seine Erfindungsleistung erhalten.

e. Interframe Dropping – Oberlandesgericht Düsseldorf

Eine von der Entscheidung des Bundesgerichtshofs in „Handhabungsgerät" abweichende Ansicht vertrat das Oberlandesgericht Düsseldorf in seiner Entscheidung „Interframe Dropping"[338] aus dem Jahr 2010. Unter Bezugnahme auf die „Fullplastverfahren"-Entscheidung des Bundesgerichtshofs stellte es zunächst fest, dass bei einer nicht geschützten Vorrichtung durch den Verkauf der zur Durchführung des Verfahrens geeigneten und bestimmten Vorrichtung keine Erschöpfung des Verfahrenspatents eintritt, auch wenn die Vorrichtung durch den Patentinhaber in den Verkehr gebracht wird.

Das Oberlandesgericht ging jedoch einen Schritt weiter und überträgt diesen Grundsatz auch auf den Fall, dass ein paralleler Patentschutz für die Vorrichtung besteht. Auch in diesem Fall trete lediglich Erschöpfung des Sachteils des Patents durch den Verkauf der Vorrichtung ein, denn das Verfahren selbst sei durch den Verkauf der Vorrichtung nicht in den Verkehr gebracht worden.[339] Der

---

337 Eine weitere Bestätigung seiner Rechtsprechung aus der Entscheidung „Handhabungsgerät" findet sich in einem Nebensatz der Entscheidung „Bauschottsortieranlage" (BGH NJW-RR 2001 268 ff.). Da sich der zugrunde liegende Fall um eine andere rechtliche Problematik dreht, wird von der ausführlichen Darstellung dieser Entscheidung abgesehen. Der Rechtsprechung des Bundesgerichtshofs, insbesondere mit Blick auf die Erstreckung der Erschöpfung auf den Verfahrensanspruch bei parallelem Sachschutz der Vorrichtung, hat sich 1998 auch das LG Düsseldorf in seiner Entscheidung „Levitationsmaschine" (LG Düsseldorf 4 O 175/98) angeschlossen.

338 OLG Düsseldorf, NJOZ 2010, 1781 ff. – interframe dropping.

339 OLG Düsseldorf, NJOZ 2010, 1781, 1785 – interframe dropping.

Patentinhaber könne den Gebrauch der Vorrichtung aufgrund des Sachpatents jetzt nicht mehr verbieten, die Rechte aus dem Verfahrenspatent stünden ihm jedoch weiterhin zu. Das Gericht erkennt den Konflikt zwischen dem Erschöpfungsgrundsatz und dem fortbestehenden Anspruch aus dem Verfahrenspatent, sucht jedoch die Lösung über die Konstruktion einer einfachen Lizenz zur Verfahrensbenutzung. Eine solche sei anzunehmen, wenn keine entgegenstehenden Abreden bestehen.[340]

Eine ebensolche Abrede lag jedoch im durch das Oberlandesgericht zu entscheidenden Fall in Form eines Lizenzerteilungsverbotes vor. Im Ergebnis begehen die Abnehmer nach Ansicht des Oberlandesgerichts durch Benutzung der streitgegenständlichen Vorrichtung eine Patentverletzung, obwohl sie diese Vorrichtung erworben haben.

2. Literatur

Auch in der Literatur wurde die Frage der Erschöpfung bei parallelem Sach- und Verfahrensschutz mehrfach diskutiert. Der große Teil der Stimmen schließt sich der Ansicht des Oberlandesgerichts Düsseldorf an und plädiert für eine Lösung des Problems über das Lizenzmodell, auch in den Fällen, in denen paralleler Sachschutz der Vorrichtung besteht.[341] Hier wird insbesondere argumentiert, dass das Verfahren selbst nicht in den Verkehr gebracht werden und eine Erschöpfung an dem Verfahrenspatent folglich nicht eintreten könne.[342] Eine interessengerechte Lösung ließe sich stattdessen über die Konstruktion einer konkludenten Lizenz finden.[343]

Demgegenüber folgen andere dem Bundesgerichtshof und dessen in der Entscheidung „Handhabungsgerät" aufgestellten Grundsätzen.[344] Nach diesen Stimmen in der Literatur können sich Verfahrensansprüche in der Sonderkonstellation des parallelen Sach- und Verfahrensanspruchs durchaus erschöpfen.[345] Die Erschöpfung des Verfahrensanspruchs stellt sich hierbei gleichsam als „Reflex" der Erschöpfung des Sachanspruchs dar.[346] Hierbei lösen sie auch

340 OLG Düsseldorf, NJOZ 2010, 1781, 1785 – interframe dropping unter Verweis auf ältere BGH Entscheidungen ohne Erwähnung der Handhabungsgerät-Entscheidung.

341 Siehe beispielsweise: Benkard-Scharen, Patentgesetz, § 9 Rn. 25; Haedicke, Patentrecht, S. 102, Rn. 14.; Mes, Patentgesetz, § 9, Rn. 80, 81.

342 Siehe hierzu Schatz, GRUR Int. 1970, 207, 211 f.

343 Benkard-Scharen, Patentgesetz, § 9 Rn. 25; Haedicke, Patentrecht, S. 102, Rn. 14.; Mes, Patentgesetz, § 9, Rn. 80, 81.

344 Von Meibom/Meyer, FS Mes, S. 266; Nieder, Patentverletzung, Rn. 337.

345 Reimer, Patentgesetz, S. 284.

346 Von Meibom/Meyer, FS Mes, S. 269.

das dargestellte Problem, dass eine umfassende Erschöpfung des Verfahrensanspruchs dazu führen würde, dass der Abnehmer das Verfahren weiter nutzen könnte, während er es an eine unbestimmte Anzahl an Dritten weitergeben könnte: Die Erschöpfungswirkung beschränke sich auf die sogenannten „Verfahrensbenutzungshandlungen“, die mit der von dem Patentinhaber oder mit seiner Zustimmung in den Verkehr gebrachten Vorrichtung vorgenommen werden.[347]

3. Stellungnahme

a. Oberlandesgericht Düsseldorf und Literatur

Gegen die Ansicht des Oberlandesgerichts Düsseldorf in der Entscheidung „interframe dropping“ sowie der herrschenden Literaturmeinung lassen sich die Argumente vorbringen, die bereits im Rahmen des Lizenzmodells bei parallelen Sach- und Systemansprüchen diskutiert wurden.[348] Die Lösung über eine konkludente Lizenz mag in einem einfach gelagerten Zwei-Parteien-Verhältnis zu sachgerechten Lösungen führen, kommt jedoch an ihre Grenzen, sobald Dritte in das Verhältnis einbezogen werden. Gerade in den in der heutigen, arbeitsteiligen Welt üblichen Absatzketten stellt sich die Frage nach der Berechtigung des Abnehmers auf der nachgelagerten Stufe. Diese Frage kann das Lizenzmodell nicht befriedigend lösen.

Daneben liegt die Vergabe der Lizenz in der Hand des Verkäufers: Sobald dieser einen gegenteiligen Willen äußert, stehen dem Abnehmer die Rechte an dem bestimmungsgemäßen Gebrauch der verkauften Vorrichtung nicht zu.[349] Gerade die Konstruktion der konkludenten Lizenz wird jedoch im Schrifttum damit begründet, dass es sonst zu unsachgemäßen Ergebnissen kommen würde, da offensichtlich Sinn und Zweck des Kaufs der Vorrichtung auch die Benutzung derselben ist, es würde dem Telos des Kaufvertrages widersprechen, wenn der Käufer die Vorrichtung nicht nutzen darf.[350]

Allein ein für den möglicherweise nicht rechtskundigen Käufer harmlos aussehender Passus wie

> *„Weitere Rechte an der Vorrichtung werden nicht übertragen oder verkauft.“*

---

347 Von Meibom/Meyer, FS Mes, S. 266.

348 Siehe oben E. V. 3.

349 So in den Fällen BGH GRUR 2007, 773, 776 – Rohrschweißverfahren und GRUR 1980, 38 – Fullplastverfahren.

350 Haedicke, Patentrecht, S. 102, Rn. 16.

kann jedoch bereits zu dem unsachgemäßen Ergebnis führen, das die Literaturstimmen über die Konstruktion der konkludenten Lizenz zu vermeiden suchen. Die konkludente Lizenz ist folglich mit einer unnötigen Rechtsunsicherheit behaftet.

Das Argument der Literatur, ein Verfahren könne schon denklogisch nicht „in den Verkehr“ gebracht werden, es fehle somit am Anknüpfungspunkt für eine Erschöpfung, überzeugt demgegenüber nicht. Tatsächlich ist es begrifflich nicht möglich, ein Verfahren in den Verkehr zu bringen. Die althergebrachte Definition der Erschöpfung passt fraglos ausschließlich auf Erzeugnisse. Das bedeutet jedoch nicht, dass eine Weiterentwicklung sowohl der Terminologie als auch der Dogmatik der Erschöpfung ausgeschlossen ist.

b. Bundesgerichtshof

Die überzeugenden Argumente sprechen deshalb dafür, die Erschöpfungsdogmatik auch bei Verfahrensansprüchen im Sinne einer „erweiterten Erschöpfung“, wie bereits durch den Bundesgerichtshof in „Handhabungsgerät“ dargestellt, weiterzuentwickeln. Hierbei ist der herrschenden Literaturmeinung dahin gehend zuzustimmen, dass aufgrund der Besonderheiten des Verfahrensanspruchs eine vollständige Erschöpfung nicht sinnvoll ist. Bei Vorliegen eines parallelen Sachanspruchs ist eine beschränkte Erschöpfung bezüglich der Verfahrensbenutzungshandlungen – bezogen auf die einzelne in den Verkehr gebrachte Vorrichtung, in der sich das Verfahren verkörpert – sinnvoll.

Das bedeutet, dass lediglich die Rechte an der Benutzung des Verfahrens mithilfe der konkret in den Verkehr gebrachten Vorrichtung erschöpft sind. Durch die gegenständliche Anknüpfung an die durch den Patentinhaber oder mit seiner Zustimmung in den Verkehr gebrachte Vorrichtung wird die Erschöpfungswirkung sachgerecht auf den Umfang beschränkt, in dem sich der Patentinhaber willentlich seiner Rechte begeben hat. Außerhalb der Benutzung der konkreten Vorrichtung stehen ihm seine Verfahrensansprüche weiterhin zu. Der Abnehmer kann nur in Verbindung mit der konkreten Vorrichtung seine Rechte an den Verfahrensansprüchen an Dritte weitergeben, sodass auch hier unsachgemäße Ergebnisse vermieden werden.

c. Reichweite

Es stellt sich jedoch die Frage, für welche Konstellationen die erweiterte Erschöpfung gilt. In der Entscheidung „Bodenwaschanlage“ konkretisiert der Bundesgerichtshof seine Ansicht dahin gehend, dass die Grundsätze der Entscheidung „Handhabungsgerät“ für den Fall gelten, dass die parallelen Sach- und

Verfahrensansprüche in einem Patent geschützt sind. Die Erstreckung der Erschöpfung lehnte er in dem zu entscheidenden Fall ab, da der Verfahrensanspruch zum Betrieb der Bodenwaschanlage in einem Patent geschützt war und der korrespondierende Sachanspruch in einem anderen Patent, wobei das Verfahrenspatent nach Einschätzung des Bundesgerichtshofs das Kernpatent darstellte. Der Bundesgerichtshof argumentierte, dass das gesonderte (Sach-) Patent dem Patentinhaber gerade nicht die Möglichkeit gäbe, die Vorteile aus dem (Verfahrens-)Patent schon bei Verkauf der Bodenwaschanlage wahrzunehmen.[351] Das gelte zumindest in dem zu entscheidenden Fall, da das Verfahrenspatent das Kernpatent darstelle.[352]

Diese Beurteilung wirft die Frage auf, ob die Grundsätze der erweiterten Erschöpfung durch einen Patentinhaber umgangen werden können, indem er Verfahrens- und Sachanspruch auf zwei gesonderte Patente aufteilt. Das könnte beispielsweise geschehen, indem er seine Patentanmeldung nach § 39 PatG aufteilt. So könnte er zum einen den starken Schutz des Sachpatents, das bereits das Inverkehrbringen zugunsten des Patentinhabers monopolisiert, und die Nichterschöpfung des reinen Verfahrenspatents kombinieren, ohne dass sich die Erschöpfung auf beide Patente auswirken kann.[353]

Hiergegen kann eingewendet werden, dass der Patentanmelder bei Beantragung eines Patents sein Rechtsschutzbedürfnis darlegen muss. Das Rechtsschutzbedürfnis ist zu verneinen, wenn das erteilte Patent dem Inhaber keinen zusätzlichen Schutz oder Vorteil gegenüber seinen bereits erteilten Patenten liefern würde, also über seine anderen Patente nicht hinausgeht. Das könnte dagegensprechen, dass dem Patentinhaber neben dem Sachpatent zum Schutz der Vorrichtung ein weiteres Patent zum Verfahren, das in dem bestimmungemäßen Betrieb der Vorrichtung besteht, erteilt würde.

Wie jedoch bereits mit Blick auf die parallelen Sach- und Systemansprüche dargelegt, reichen bereits geringe Abweichungen, um ein Rechtsschutzbedürfnis zu begründen. Es ist damit zu rechnen, dass ein Patentanmelder durch geschickte Formulierung der zwei Patentansprüche darlegen könnte, dass diese nicht vollständig deckungsgleich sind und damit sein Rechtsschutzbedürfnis zu Erteilung beider separater Patente begründen kann. Ebenso können Sach- und Verfahrensanspruch durch Zufälligkeiten im Erteilungsverfahren im Ergebnis in zwei gesonderten Patenten erteilt werden, zum Beispiel, wenn zunächst ein

351 BGH GRUR 2001, 223, 224 – Bodenwaschanlage.

352 BGH GRUR 2001, 223, 224 – Bodenwaschanlage.

353 So Von Meibom/Meyer, FS Mes, S. 270.

Vorrichtungspatent erteilt wird und sodann aus einer zuvor abgezweigten Teilanmeldung ein Verfahrenspatent erteilt wird.[354] Es besteht folglich die Gefahr einer Umgehung der erweiterten Erschöpfung, wenn die zwei Ansprüche in zwei gesonderten Patenten geschützt sind.

Als mögliche Lösung drängt sich der Gedanke auf, die Wirkung der Erschöpfung nicht nur innerhalb eines Patentes von einem Anspruch auf den anderen Anspruch wirken zu lassen, sondern auch zwischen zwei Patenten. Durch Inverkehrbringen der Vorrichtung nach dem Sachpatent würde sich hiernach nicht nur dieses, sondern auch das Verfahrenspatent, das im Wesentlichen die bestimmungsgemäße Verwendung der Vorrichtung schützt, erschöpfen. Damit würde die Erschöpfungswirkung jedoch immens ausgedehnt und es ist fraglich, ob diese Ausweitung durch die dargestellte Umgehungsmöglichkeit gerechtfertigt werden kann. Die Modifizierung kommt spätestens an dem Punkt an ihre Grenzen, an dem die zwei Patente nicht in der Hand eines Inhabers liegen:

Das kann zum Beispiel geschehen, wenn der Anmelder eines der beiden Patente an einen Dritten verkauft und überträgt. Es lässt sich schwer begründen, warum der Verkauf der Vorrichtung durch den Inhaber des Sachpatents zu der Erschöpfung des Verfahrenspatents eines anderen Patentinhabers führen sollte. Hierdurch würde nicht nur in die Eigentumsrechte des Verfahrenspatentinhabers eingegriffen, sondern auch gegen die Grundsätze der Erschöpfung verstoßen: Die erweiterte Erschöpfung wird damit begründet, dass der Patentinhaber bei Verkauf der Vorrichtung bereits die Möglichkeit hat, die Vorteile aus dem Patent wahrzunehmen. Liegen die Patente jedoch in den Händen zweier Patentinhaber, ist diese Voraussetzung nicht erfüllt.

Somit ist eine Erweiterung der Erschöpfung zwischen zwei gesonderten Patenten abzulehnen, die Umgehungsmöglichkeit muss hingenommen werden.

d. Partielle und vorgelagerte Erschöpfung

Schließlich stellt sich die Frage, inwiefern sich die bereits mit Bezug auf die parallelen Sach- und Systemansprüche diskutierten Ansätze der partiellen und vorgelagerten Erschöpfung auch auf den Fall des parallelen Sach- und Verfahrensanspruchs anwenden lassen.

---

354 Von Meibom/Meyer, FS Mes, S. 270.

aa. Vorgelagerte Erschöpfung

Nach den bereits dargestellten Grundsätzen der „vorgelagerten Erschöpfungstheorie" wirkt die Erschöpfung des Sachanspruchs unter folgenden Voraussetzungen auf den Systemanspruch:

a. Die vollständige Erschöpfung des Hauptanspruchs und
b. Neben den Elementen des Hauptanspruchs beinhaltet der Systemanspruch keine weiteren Elemente, die selbstständig schutzfähig wären.

Diese Grundsätze lassen sich auch auf die Konstellation des parallelen Sach- und Verfahrensanspruchs übertragen. Auch hier kann argumentiert werden, dass der schutzbegründende Teil des Verfahrensanspruchs ebenfalls in den Merkmalen der Vorrichtung besteht, die den Betrieb der Vorrichtung und somit die Ausführung des geschützten Verfahrens betreffen. Wenn der Verfahrensanspruch, wie beispielsweise in dem Fall des Handhabungsgeräts[355], lediglich eine Art Bedienungsanleitung für die nach dem Sachanspruch geschützte Vorrichtung darstellt, so liegt der schutzbegründende Teil des Verfahrensanspruchs ebenfalls in den bereits durch den Vorrichtungsanspruch geschützten Merkmalen. Wie bereits ausgeführt liegt die Besonderheit der parallelen Sach- und Verfahrensansprüche gerade darin, dass der Verfahrensanspruch dem Sachanspruch keine weiteren Merkmale hinzufügt, sodass hier ebenfalls die vorgelagerte Erschöpfung des Sachanspruchs zur Erschöpfung des Verfahrensanspruchs führen kann.

Es stellt sich jedoch die Frage, ob die Unterscheidung zwischen erweiterter und vorgelagerter Erschöpfung in diesem Fall sinnvoll ist. Die maßgebliche Unterscheidung zwischen den beiden Theorien lag in der Frage, wie die zusätzlichen Merkmale des Systemanspruchs daraufhin geprüft werden sollten, ob sie dem Sachanspruch etwas Eigenständiges hinzufügen. Nach der erweiterten Erschöpfungslehre ist zu prüfen, ob der Systemanspruch dem Sachanspruch etwas „Wesentliches" hinzufügt. Wenn ja, so wirkt sich die Erschöpfung nicht auf den Systemanspruch aus. Demgegenüber ist nach der vorgelagerten Erschöpfungslehre zu prüfen, ob nach Abzug des Sachteils des Systemanspruchs weitere, selbstständig schutzfähige Merkmale verbleiben oder ob der Sachteil auch für den Systemanspruch allein schutzbegründend ist. Ist dies der Fall, so wirkt die Erschöpfung des Sachanspruchs auch auf den Systemanspruch, welcher ebenfalls erschöpft ist.

355 Siehe Leitsatz in BGH GRUR 1998, 130 – Handhabungsgerät: „Zum Rechtsschutzbedürfnis für einen Verfahrensanspruch, der sich in einer Bedienungsanleitung für eine ihrerseits durch einen Sachanspruch geschützten Vorrichtung erschöpft."

Diese Unterscheidung kann bei den deckungsgleichen Sach- und Verfahrensansprüchen nicht sinnvoll angewendet werden, da hier gerade kein „Mehr“ bei dem Verfahrensanspruch zu finden ist, er besteht lediglich aus der Bedienungsanleitung der Vorrichtung nach dem Sachanspruch.

Die bei parallelen Sach- und Systemansprüchen sinnvolle Unterscheidung zwischen erweiterter und vorgelagerter Erschöpfung ist folglich im vorliegenden Fall demnach nicht angebracht. Es soll deshalb im Folgenden lediglich von einer erweiterten Erschöpfungstheorie für den Fall der parallelen Sach- und Verfahrensansprüche gesprochen werden.

bb. Partielle Erschöpfung

Auch im vorliegenden Fall kommt die Modifizierung der erweiterten Erschöpfung auf Rechtsfolgenseite durch die „partielle Erschöpfungstheorie“[356] in Betracht. Die Interessenlage ist mit dem bereits diskutierten Fall des parallelen Sach- und Systemanspruchs vergleichbar. Auch bei parallelem Sach- und Verfahrensschutz stellt sich die Frage, ob die in dieser Arbeit präferierte Ausweitung der Erschöpfung auf den gesamten Verfahrensanspruch wirkt oder es zu sachgerechteren Ergebnissen führt, wenn lediglich die Verbietungsrechte des Patentinhabers aus dem Verfahrensanspruch erschöpfen und dem Patentinhaber ein Ausgleichsanspruch für die Nutzung auch seines Verfahrensanspruchs verbleibt.

Auch für den vorliegenden Fall lässt sich diese Frage bejahen. In vielen Fällen wird der Verfahrensanspruch keinen oder nur einen geringen Ausgleichanspruch begründen, da er dem Sachanspruch nichts Wesentliches oder selbstständig Schutzfähiges hinzufügt. Nichtsdestotrotz wird mit dieser Lösung gewürdigt, dass der Patentinhaber einen weiteren Anspruch auch auf das Verfahren innehat und bezüglich desselben zumindest in einem gewissen Umfang erfinderisch tätig geworden ist, wofür ihm im Einzelfall hierfür eine Entlohnung gebührt.

---

356 Siehe den ersten Ansatz bei Samson/Haft-Himmelstjerna, FS Reimann, S. 183 sowie die ausführliche Darstellung unter E. VIII.

G. Internationaler Ausblick

I. Einleitung

Nachdem die zwei Problemfelder der parallelen Sach- und Systemansprüche bzw. Sach- und Verfahrensansprüche aus deutscher Sicht behandelt wurden, soll nun ein Ausblick auf die Behandlung der Problematik in den Vereinigten Staaten von Amerika („USA") gegeben werden.

Die dortige Behandlung der Problematik – insofern diese auch in dem amerikanischen Patentsystem auftaucht – kann gegebenenfalls eine Bestätigung der dargestellten Lösungsansätze darstellen oder aber neue Argumente oder Ansätze bringen, bei denen zu prüfen wäre, ob sie sich in das deutsche Recht übertragen lassen.

II. Das amerikanische Patentrechtssystem

Als Erstes soll der Blick auf das Patentrecht in den USA gerichtet werden. In angemessener Kürze wird eine Einführung in das dortige Patentrechtssystem gegeben und so dann geprüft, ob ein ähnlicher Problemfall in den USA bereits behandelt wurde und wenn ja mit welchem Ergebnis.

1. Patentschutz

In den USA gibt es ebenfalls einen Patentschutz, normiert unter Titel 35 des United States Code („Patent Act"). Im Gegensatz zum deutschen Patentsystem werden in den USA zwei Patent-Typen geschützt: Das „utility patent" sowie das „design patent".[357] Das utility patent schützt, dem deutschen Patent vergleichbar, technische Erfindungen. Demgegenüber schützt das design patent, oft kurz als „design" bezeichnet, Formen und Muster. Da das utility patent dem technischen deutschen Patent vergleichbar ist und sich folglich die aufgezeigten Problemstellungen im Bereich der Erschöpfungslehre ebenfalls bei dem utitlity patent zeigen, soll im Folgenden nur auf Rechtsfragen zu dem utility patent eingegangen werden. Die folgende Verwendung des Begriffs „Patent" bezieht sich folglich nur auf das utility patent.

357 Siehe offizielle Übersicht bei U.S. Patent and Trademark Office, Electronic Information Products Division, https://www.uspto.gov/web/offices/ac/ido/oeip/taf/patdesc.htm (abgerufen am 3. November 2017).

2. Erschöpfung

Die Erschöpfungsdoktrin existiert auch in den USA,[358] sie wird dort First-Sale-Doktrin genannt.[359] Im Patentrecht ist sie – ebenso wie in Deutschland – nicht gesetzlich kodifiziert,[360] sondern wurde richterrechtlich entwickelt und angewandt.

Die Doktrin wurde durch die Gerichte entwickelt und durch den Supreme Court bereits im 19. Jahrhundert angewandt.[361] In der ersten grundlegenden Entscheidung ging es um die weitere Nutzung einer Hobelmaschine. Das Patent an dieser Maschine war verlängert worden. Erwerber einer Lizenz zur Nutzung und zum Weiterverkauf der Maschine wollten diese Lizenz auch während des verlängerten Patentzeitraumes nutzen. Dem trat der Patentinhaber entgegen und wollte eine neue Lizenz aushandeln. Der Supreme Court entschied, dass die Verlängerung des Patents die bereits erworbenen Rechte nicht berührte, da die Erwerber den Gegenstand für die übliche Lebensdauer erworben hatten und sich die Rechte des Patentinhabers hieran folglich erschöpft hatten.[362]

Der Supreme Court erlaubte in einer nachfolgenden Entscheidung[363] Vereinbarungen, die Restriktionen auf die Verwendung des Patentgegenstandes nach dem Verkauf festlegten. Der Verkäufer konnte hiernach den Eintritt der (vollständigen) Erschöpfung teilweise durch Vereinbarung verhindern. Diese Ausnahme von dem Erschöpfungsgrundsatz wurde jedoch durch die Patentinhaber missbraucht, um den Gebrauch der patentierten Gegenstände durch die Käufer stark zu regulieren. Durch die Vereinbarungen gelang es ihnen Kontrolle über den Markt zu gewinnen. Deshalb hob der Supreme Court kurze Zeit später seine A.B. Dick Entscheidung wieder auf.[364]

a. United States vs. Univis Lens Co.

aa. Entscheidung

Die Erschöpfungsdoktrin wurde im Jahr 1942 in der Entscheidung United States vs. Univis Lens Co.[365] durch den Supreme Court maßgeblich weiterentwickelt. In

---

358 Roger Schechter/John Thomas, Principles of Patent Law, Kapitel 1.2.2 sowie 8.1.1.2.
359 Bodewig, GRUR Int. 2000, 597.
360 Bodewig, GRUR Int. 2000, 597.
361 Bloomer v McQuewan, 14 How. 539, 549 (1853).
362 Bloomer v McQuewan, 14 How. 539, 549 (1853).
363 Henry v A.B. Dick Co., 224 U.S. 1 (1912).
364 Motion Picture Patents Co. v. Universal Film Mfg. Co. 243 U.S. 502, 518 (1917).
365 Supreme Court of the United States, United States vs. Univis Lens Co., 316 U.S., Seite 241 ff.

dem zugrunde liegenden Fall lizenzierte der Inhaber eines Patentes über optische Linsen sein Patent an einen Lizenznehmer. Der Lizenznehmer verkaufte Linsenrohlinge, die seine Kunden lediglich mithilfe eines Standardverfahrens, das aus Schleifen und Polieren bestand, bearbeiten mussten, um die technische Lehre nach dem Patent zu verwirklichen. Der Supreme Court entschied, dass die Patentrechte bereits durch das Inverkehrbringen der Linsenrohlinge erschöpft waren, da ihr einziger bestimmungsgemäßer Gebrauch darin bestand durch das Standardverfahren bearbeitet zu werden. Darüber hinaus verkörperten die Linsenrohlinge bereits alle wesentlichen Merkmale der patentgemäßen technischen Lehre.

Im Wortlaut entschieden die Richter:

> *„where one has sold an uncompleted article which, because it embodies essential features of his patented invention, is within the protection of the patent, and has destined the article to be finished by the purchaser in conformity to the patent, he has sold his invention so far as it is or may be embodied in that particular article."*[366]

Deutsche Übersetzung[367]:

> *„Wenn jemand einen unvollständigen Gegenstand verkauft, der im Schutzbereich des Patents liegt, da er die wesentlichen Merkmale der patentierten Erfindung verkörpert, und vorgesehen hat, dass der Gegenstand in Übereinstimmung mit dem Patent durch den Erwerber fertiggestellt wird, so hat er seine Erfindung insoweit verkauft, wie sie in dem konkreten Gegenstand verkörpert ist oder sein wird."*

bb. Wertung

Die Entscheidung behandelt den Fall der Teillieferung eines Sachpatents, bei dem der letzte Schritt zu Herstellung der Sache aus dem Rohprodukt erst durch den Erwerber durchgeführt wird.

Die durch den Erwerber durchzuführende Bearbeitung besteht lediglich aus einem Standardverfahren, sodass der wesentliche, erfinderische Teil des Patentes bereits in den Linsenrohlingen verkörpert ist.

Auch hier erscheint es unsachgemäß, wenn der Patentinhaber zunächst die Linsenrohlinge vermarkten kann, um dann die einzig sinnvolle Verwendung derselben zu verbieten oder von einem zweiten Entgelt abhängig zu machen. Dieser Wertung folgt auch der Supreme Court in seiner Entscheidung, welche

---

366 Supreme Court of the United States, United States vs. Univis Lens Co., 316 U.S., Seite 250 f.

367 Deutsche Übersetzung durch die Autorin.

deutlich von dem Bestreben getragen ist, die Doppelverwertungsmöglichkeit zu unterbinden.

Interessanterweise wählt der Supreme Court hierfür nicht die in Deutschland bevorzugte Lizenztheorie, sondern entscheidet sich klar für eine Lösung über den Weg der Erschöpfung. Von der strengen Objektbezogenheit der Erschöpfung abweichend entscheidet der Supreme Court, dass die Erschöpfung bei einer Teillieferung bereits eintritt, wenn der Patentinhaber oder ein mit seiner Zustimmung handelnder Dritter den wesentlichen Teil des Patentes in den Verkehr gebracht hat.

Dieser Ansatz ist mit der bereits diskutierten Theorie der erweiterten Erschöpfung vergleichbar. Auch der Supreme Court stellt auf die Wesentlichkeit der bereits in den Verkehr gebrachten Teile des Patents ab.

b. Quanta Computer, Inc. vs. LG Electronics, Inc.

aa. Entscheidung

Die Rechtsprechung in der Univis Entscheidung wurde durch das Supreme Court in einer neueren Entscheidung aus dem Jahr 2008 bestätigt. In Quanta Computer, Inc. vs. LG Electronics, Inc.[368] äußerte sich der Supreme Court ein weiteres Mal zu der Reichweite der Erschöpfung.

Vereinfacht dargestellt hatte der Supreme Court folgenden Sachverhalt zu entscheiden: LG war Inhaberin mehrerer Patente (U.S. Patente 4,939,641; 5,37 9,379 und 5,077,733) und verklagte den Computerhersteller Quanta mit dem Vortrag, dass dieser die Patente verletzte. Die Patente schützten – vereinfacht – unter anderem die Kombination eines Computerchipsatzes mit Computerstandardbauteilen, also ein Computersystem.[369] Der Chipsatz war nicht gesondert durch einen Anspruch geschützt. Quanta erwarb von LGs Lizenznehmer Intel einen patentgemäßen Computerchipsatz und stellte hieraus unter Hinzufügen von Computerstandardbauteilen einen Computer her.

LG und seine Lizenznehmer hatten zuvor einen Lizenzvertrag mit folgendem Passus geschlossen, dass keine Lizenz:

> *„is granted by either party hereto… to any third party for the combination by a third party of Licensed Products of either party with items, components, or the like acquired…*

368 Supreme Court of the United States, Quanta Computer, Inc. vs. LG Electronics, Inc. In 553 U.S. (2008).

369 Supreme Court of the United States, Quanta Computer, Inc. vs. LG Electronics, Inc. In 553 U.S. (2008), Seite 2.

from sources other than a party hereto, or for the use, import, offer for sale or sale of such combination.“

Deutsche Übersetzung:[370]

„von einer Vertragspartei einer dritten Partei gegeben wird, weder für die Kombination der lizensierten Produkte einer Vertragspartei durch Dritte mit Gegenständen, Komponenten oder ähnlichem, die nicht von den Vertragsparteien stammen, noch für den Gebrauch, Import, Verkaufsangebot oder Verkauf einer solchen Kombination.“

(a) Die Reichweite der Erschöpfung

Erst durch das Hinzufügen der Standardbauteile durch Intel wurde die patentgemäße technische Lehre verwirklicht. Dennoch bejahte der Supreme Court die patentrechtliche Erschöpfung bereits durch das Inverkehrbringen des Computerchipsatzes durch Intel mit der Zustimmung der Patentinhaberin LG. Die Richter argumentierten, dass der wesentliche Teil der technischen Lehre bereits durch den Lizenznehmer Intel in den Verkehr gebracht wurde, die fehlenden Merkmale der technischen Lehre bezogen sich lediglich auf bereits vorbekannte Standardbauteile. Auch wenn die zur vollständigen Verwirklichung der technischen Lehre hinzugefügten Computerstandardbauteile nicht von LG oder einem Lizenznehmer stammten, sei der einzige bestimmungsgemäße Gebrauch des Chipsatzes gewesen, in einen Computer eingebaut zu werden. Folglich führe das Inverkehrbringen des Chipsatzes durch den Lizenznehmer Intel zur Erschöpfung des gesamten Anspruchs.

(b) Die Erschöpfung von Verfahrensansprüchen

Neben der Reichweite der Erschöpfung behandelte der Supreme Court eine weitere, hier interessierende Frage: Die Anwendung der Erschöpfung auf Verfahrensansprüche. Die streitigen Patente beinhalteten auch Verfahrensansprüche. LG argumentierte, dass zumindest dieser Teil der Patente nicht erschöpft sein könne, da Verfahrenspatente der Erschöpfungswirkung nicht unterlägen. LG führte das bereits bekannte Argument, dass Verfahrenspatente als Prozess an kein konkretisiertes Objekt gebunden seien, sodass sie durch den Verkauf eines Objekts nicht erschöpft werden können. Die Nutzung eines Objektes, in dem das patentgeschützte Verfahren verkörpert sei, sei nur in dem Maß zulässig, in dem es vertraglich gestattet sei.[371] Dem hielt Quanta entgegen, dass es keinen

---

370 Deutsche Übersetzung durch die Autorin.

371 Supreme Court of the United States, Quanta Computer, Inc. vs. LG Electronics, Inc. In 553 U.S. (2008), Seite 9.

Grund gäbe, die Verfahrenspatente von der Erschöpfungswirkung auszunehmen. Das bürge vielmehr das Risiko, dass Patentinhaber durch die geschickte Formulierung ihrer Ansprüche als Verfahrensansprüche die Erschöpfungswirkung bewusst umgehen könnten.

Diese Gefahr sah auch das Supreme Court und verwies auf einen einschlägigen Patentrechtskommentar, in dem diese Taktik zur Vermeidung der Erschöpfung vorgeschlagen wurde.[372] Der Kommentator brachte die Problematik – oder aus Sicht des Patentinhabers den Vorteil – folgendermaßen auf den Punkt: Durch die Formulierung als Verfahrenspatent, das nicht der Erschöpfung unterliegt, überleben die Rechte des Patentinhabers mehrere nachfolgende Transaktion und wirken so tief in die Absatzkette hinein.[373]

Hierauf folgend schloss sich der Supreme Court der Ansicht Quantas an und entschied, unter Verweis auf seine einschlägige bisherige Rechtsprechung,[374] dass Verfahrenspatente dergestalt in einem Produkt verkörpert sein können, dass der Verkauf dieses Produktes zur Erschöpfung des Verfahrensanspruchs führt.

bb. Wertung

Die Entscheidung Quanta Computer, Inc. vs. LG Electronics, Inc. befasst sich zu weiten Teilen mit in dieser Arbeit behandelten Problemfällen: der Erweiterung der Erschöpfung sowie der Wirkung der Erschöpfung auch für Verfahrenspatente.

In dem zugrunde liegenden Fall wird die große Schwachstelle der deutschen Lizenzlösung deutlich: Aufgrund der ausdrücklichen entgegenstehenden Abrede zwischen LG und dem Lizenznehmer konnte dieser bei Verkauf des Chipsatzes keine konkludente Lizenz an Quanta zum bestimmungsgemäßen Einbau in ein Computersystem erteilen. Die einzig sinnvolle und bezweckte Verwendung des Chipsatzes unterlag bei Anwendung der Lizenztheorie weiterhin dem Verbietungsrecht der Patentinhaberin LG, obwohl diese dem Verkauf des Chipsatzes zugestimmt und durch Vergabe der Lizenz bereits die Vorteile aus dem Patent gezogen hatte.

---

372 Thomas, Of Text, Technique, and the Tangible: Drafting Patent Claims Around Patent Rules, 17 J. Marshall J. Computer & Info. L. 219, 252 (1998).

373 Thomas, Of Text, Technique, and the Tangible: Drafting Patent Claims Around Patent Rules, 17 J. Marshall J. Computer & Info. L. 219, 252 (1998).

374 Beispielsweise Ethyl Gasoline Corp. v. United States, 309 U.S. 436, 446, 457 (1940). In diesem Fall entschied der Supreme Court, dass der Verkauf von Motorbenzin sowohl das Sachpatent auf das Motorbenzin als auch das Verfahrenspatent zur Nutzung des Benzins in einem Verbrennungsmotor erschöpfte.

Vor diesem Hintergrund ist die Entscheidung des Supreme Court deutlich: Er bekräftigt seine bisherige Rechtsprechung und löst den Fall über die erweiterte Erschöpfung, nach der durch den Verkauf des wesentlichen Teils des Patentes – dem Chipsatz – bereits die Erschöpfung des gesamten Patents eingetreten ist. Die bestimmungsgemäße Kombination des Chipsatzes mit den Computerstandardbauteilen kann somit ohne Rücksicht auf Absprachen zwischen LG und dem Lizenznehmer nicht mehr von LG verboten werden, eine Doppelwertung des Patentes ausgeschlossen.

Nach Ansicht des Supreme Court ist folgende Prüfung vorzunehmen:

Ist die geschützte Erfindung in dem in den Verkehr gebrachten – isoliert nicht dem Patentschutz unterliegenden – Teil bereits so weit verkörpert, dass es gerechtfertigt ist, durch den Verkauf des Teils bereits die Erschöpfung des Patents anzunehmen?

Diese Prüfung entspricht der aus Deutschland bekannten erweiterten Erschöpfungslehre und kann problemlos auch auf den Fall des parallelen Sach- und Systempatents angewandt werden. Dieser Fall liefert somit weitere Unterstützung für die Befürworter der Anpassung der Erschöpfungsdogmatik zur Vermeidung der Doppelverwertungsmöglichkeiten. In genau diesen Fällen, in denen die Lizenztheorie versagt und zu unsachgemäßen Ergebnissen führt, zeigt die erweiterte Erschöpfung ihre Stärke: Sie gilt gegenüber jedermann, auch in den späteren Stufen der Absatzkette und kann durch den Patentinhaber nicht einseitig eingeschlossen werden. Ein weiteres starkes Argument liegt darin, dass auch der Oberste Gerichtshof der USA sich für eine erweiterte Erschöpfung ausspricht.

Darüber hinaus entscheidet sich der Supreme Court ebenfalls mit guten Argumenten für eine Anwendung des Erschöpfungsgrundsatzes auch auf Verfahrenspatente. Der Supreme Court schränkt dahin gehend ein, dass die Erschöpfung dann eintreten soll, wenn der Verfahrensanspruch in einem Gegenstand verkörpert ist. Das entspricht der in der Literatur und in dieser Arbeit vertretenen Ansicht, dass eine Erschöpfung von Verfahrensansprüchen insoweit möglich sein soll, als dass sie sich auf Verfahrensbenutzungshandlungen an einer konkret in den Verkehr gebrachten Vorrichtung, die das Verfahren hinreichend verkörpert, beziehen. Auch hier ist die Entscheidung des Supreme Court eine starke Unterstützung für die dargestellte Ansicht.

c. *Ein neuer Ansatz: Patent-by-patent oder Claim-by-claim?*

aa. *Entscheidung*

Der Erschöpfungsansatz wurde in den letzten Jahren durch die amerikanischen Gerichte weiterentwickelt. Einen Sachverhalt, der der Nespresso-Entscheidung des Oberlandesgerichtes Düsseldorf ähnelt, hatte das United States Court of Appeals, Federal Circuit in der Entscheidung Keurig, Incorporated v. Sturm Foods Inc.[375] zu entscheiden.

In dem zugrunde liegenden Fall produzierte und verkaufte Keurig Kaffeemaschinen und dazugehörige Kaffeekapseln. Mithilfe der Kaffeekapseln konnten einzelne Tassen Kaffee mit der Kaffeemaschine produziert werden. Die Funktionsweise der Kaffeemaschinen von Keurig ist mit der einer Nespresso-Maschine vergleichbar: Der Benutzer führt eine Kaffeekapsel in die Kaffeemaschine ein. Es wird heißes Wasser durch die Kaffeekapsel gedrückt und schließlich die Kaffeeflüssigkeit ausgegeben.

Keurig Incorporated war Inhaberin der U.S. Patente '488 sowie '938. Diese Patente umfassen sowohl Vorrichtungsansprüche auf die Kaffeemaschine als auch Verfahrensansprüche auf den Betrieb der Kaffeemaschine.

Beispielhaft für die Verfahrensansprüche hebt das Gericht folgenden Anspruch 6 aus dem Patent '938 hervor:

> *„A method for brewing a beverage from a beverage medium contained in a disposable cartridge, compromising the following stops, in sequence:*
>
> *(a) piercing the cartridge with a tubular outlet probe to vent the cartridge interior;*
> *(b) piercing the cartridge with a tubular inlet probe;*
> *(c) admitting heated liquid into the cartridge interior via the inlet probe for combination with the beverage medium to produce a beverage; and*
> *(d) extracting the beverage from the cartridge interior via the outlet probe."*

Die deutsche Übersetzung[376] lautet:

> *„Ein Verfahren zum Brühen eines Getränks von einem Getränkemedium in einer wegwerfbaren Kapsel, beinhaltend die folgenden Schritte, in dieser Reihenfolge:*
>
> *(a) Durchstechen der Kapsel mit einem röhrenförmigen Austrittsdurchlass, um das Innere der Kapsel herauszulassen,*
> *(b) Durchstechen der Kapsel mit einem röhrenförmigen Eintrittsdurchlass,*

375 Keurig Incorporated v. Sturm Foods Inc., United States Court of Appeals, Federal Circuit, Case No. 2013–1072, 732 F.3d 1370.

376 Deutsche Übersetzung durch die Autorin.

(c) *Einlassen einer heißen Flüssigkeit in die Kapsel durch den Eintrittsdurchlass, so dass in Kombination mit dem Getränkemedium ein Getränk produziert wird; und*
(d) *Ausführen des Getränks aus dem Kapselinneren durch den Austrittsdurchlass.*"

Dieser Anspruch beschreibt die Funktionsweise der bereits durch den Sachanspruch geschützten Kaffeemaschine.

Sturm Foods Inc. stellte Kaffeekapseln her und verkaufte sie. Die Kaffeekapseln waren so konstruiert, dass sie mit den Kaffeemaschinen von Keurig Incorporated verwendet werden konnten.

Gegen den Verkauf der mit den Kaffeemaschinen kompatiblen Kapseln klagte Keurig Incorporated unter anderem mit folgendem Argument:

Die Nutzung der durch Sturm Food Inc. hergestellten Kaffeekapseln mit bestimmten Kaffeemaschinen von Keurig Incorporated durch die Endnutzer verletze unmittelbar die Verfahrensansprüche der Patente '488 sowie '938. Sturm Foods Inc. veranlasse diese Patentverletzungen durch den Verkauf ihrer mit den Kaffeemaschinen kompatiblen Kapseln und trage zu den Patentverletzungen bei.

Keurig argumentierte weiterhin, dass ihre Patentansprüche nicht erschöpft seien. Unter Anwendung der in der Quanta Computer, Inc. vs. LG Electronics, Inc. Entscheidung entwickelten Grundsätze wäre zu prüfen, ob die Verfahrensansprüche bereits im Wesentlichen in den Kaffeemaschinen verkörpert seien. Das sei vorliegend nicht der Fall, da die Kaffeemaschinen auch mit wiederverwendbaren Kapseln genutzt werden könnten. Diese speziellen Kapseln hätten bereits vorgefertigte Löcher und müssten deshalb nicht – wie nach den Verfahrensansprüchen vorgesehen – zunächst an zwei Seiten durchstochen werden. Die Erschöpfung müsse gesondert nach den einzelnen Ansprüchen des Patents geprüft werden, die Verfahrensansprüche seien demnach nicht erschöpft.

Sturm Foods Inc. hielt entgegen, dass alle Ansprüche der streitgegenständlichen Patente, sowohl die Sach- als auch die Verfahrensansprüche, durch den Verkauf der Kaffeemaschinen erschöpft seien. Folglich könnte ihnen weder Anstiftung noch Beihilfe zu einer Patentverletzung vorgeworfen werden, da die Endnutzer durch den Gebrauch der Kaffeekapseln von Sturm Foods Inc. bereits keine Patentverletzung begangen hätten. Vorliegend sei der Test aus der Entscheidung Quanta Computer, Inc. vs. LG Electronics, Inc. nicht anzuwenden, da im dortigen Fall der bereits in den Verkehr gebrachte Teil der Erfindung keinem gesonderten Patentschutz unterlag. Im vorliegenden Fall seien jedoch bereits die Kaffeemaschinen durch Vorrichtungsansprüche geschützt, diese seien unstreitig durch den Verkauf der Kaffeemaschinen erschöpft, sodass in der Folge die gesamten Patente erschöpft seien.

Das Gericht entschied, dass der Verkauf der Vorrichtung ebenfalls die korrespondierenden Verfahrensansprüche erschöpfe. Die Entscheidung war klar von dem Bestreben getragen, einen Missbrauch des Patentrechts zu verhindern:

> *"To rule otherwise would allow Keurig what the Supreme Court has aptly described as an 'end-run around exhaustion' by claiming methods as well as the apparatus that practices them and attempting to shield the patented apparatus from exhaustion by holding downstream purchasers of its device liable for infringement of its method claims."*[377]

Die deutsche Übersetzung[378] lautet:

> *„Eine andere Entscheidung würde Keurig erlauben, was der Supreme Court passend als „Umgehung der Erschöpfung" bezeichnet hat, indem Ansprüche sowohl auf das Verfahren als auch auf die Vorrichtung, die das Verfahren ausführt, beansprucht werden und versucht wird die Vorrichtung vor der Erschöpfung zu schützen, indem die Erwerber der Vorrichtung auf den späteren Stufen der Absatzkette für die Verletzung der Verfahrensansprüche verantwortlich gemacht werden."*

Das Gericht schloss sich Sturm Foods Inc. in der Ansicht an, dass der Test aus der Entscheidung Quanta Computer, Inc. vs. LG Electronics, Inc. für den Fall angewandt wurde, dass ein nicht patentgeschützter Teil, in dem die Erfindung bereits wesentlich verkörpert ist, durch den Patentinhaber oder mit seiner Zustimmung verkauft wird.

Vorliegend gehe es vor allem um folgenden, bereits seit langer Zeit etablierten Grundsatz: Wenn eine Person von dem Patentinhaber oder seinem Lizenznehmer eine patentierte Maschine erwirbt, so erhält er mit diesem Erwerb das Recht die Maschine so lange zu benutzen, wie sie benutzbar ist.[379] Entsprechend wären durch den Verkauf der Maschine auch die Verfahrensansprüche erschöpft.

Abschließend äußert das Gericht eine interessante Ansicht:

Keurigs Vortrag, dass die Patenterschöpfung für jeden Anspruch des Patents gesondert geprüft werden müsse, sei nicht überzeugend. Vielmehr sei die Erschöpfung für ein Patent in seiner Gesamtheit zu betrachten. Das Gericht prüfte also die Erschöpfung auf einer „patent-by-patent" und nicht auf einer „claim-by-claim" Basis.[380]

---

377 Keurig Incorporated v. Sturm Foods Inc., United States Court of Appeals, Federal Circuit, Case No. 2013–1072, 732 F.3d 1370, 1374.

378 Deutsche Übersetzung durch die Autorin.

379 So auch Supreme Court of the United States, Quanta Computer, Inc. vs. LG Electronics, Inc. In 553 U.S. (2008), Rn. 625.

380 Zu Deutsch: Patent-für-Patent und nicht Anspruch-für-Anspruch Basis.

bb. Wertung

Während die Entscheidung Quanta Computer, Inc. vs. LG Electronics, Inc. den Fall einer Teillieferung einer Erfindung behandelte, bei der der gelieferte Teil nicht selbstständig dem Patentschutz unterlag, behandelt Keurig, Incorporated v. Sturm Foods Inc. exakt den in dieser Arbeit untersuchten Problemfall, dass der Patentinhaber sowohl Patentschutz für ein Verfahren als auch für die das Verfahren ausführende Vorrichtung beansprucht und nach Verkauf der Vorrichtung die Nutzung derselben weiterhin unter Zuhilfenahme seines Patentrechts kontrollieren will.

Auch hier erteilt das Gericht der Doppelverwertung eine klare Absage und bezieht die Verfahrensansprüche, die die bestimmungsgemäße Nutzung der Vorrichtung betreffen, in die durch den Verkauf der Vorrichtung ausgelöste Erschöpfung mit ein.

Interessant ist die Ansicht des Gerichts, dass die Erschöpfung für ein Patent als Ganzes zu prüfen sei und nicht für jeden Anspruch des Patents gesondert.

Das Gericht begründet seine Ansicht damit, dass es dem Grundsatz der Erschöpfung entgegenlaufen würde, wenn es dem Patentinhaber erlaubt wäre, bestimmte Ansprüche von der Erschöpfung auszunehmen. Ein Zweck der Erschöpfungsdoktrin sei, einen klaren Anhaltspunkt zu geben, wann die Rechte an dem Patent erschöpft seien. Wenn einzelne Ansprüche von der Erschöpfung nicht erfasst würden, könnte der Patentinhaber so die bereits mit Blick auf die Vorrichtung und ihre bestimmungsgemäße Nutzung eingetretene Erschöpfung mithilfe der auf diese Nutzung gerichteten Verfahrensansprüche umgehen. Die hieraus entspringende Rechtsunsicherheit würde sowohl Dritte als auch die Endbenutzer betreffen.

Erschöpfung trete nach allgemeiner Ansicht ein, wenn der Patentinhaber die Möglichkeit gehabt habe, die Vorteile aus seinem Patent wahrzunehmen. Eine mehrfache Vorteilsziehung aus dem Patent verstoße jedoch gegen die patentrechtlichen Grundsätze.

Insofern entspricht die Argumentation des Gerichts der hier für den deutschen Rechtsraum dargestellten Ansicht. Der Ansatz, die Erschöpfung eines Anspruchs des Patents auf das gesamte Patent wirken zu lassen, ist jedoch neu.

Dieser Ansatz erscheint zunächst praktisch, da er einen klaren, rechtssicheren Anhaltspunkt bietet, wann dem Patentinhaber das weitere Vorgehen aus seinem Patent verwehrt ist. Abgrenzungen nach Wesentlichkeit und verbleibender schutzfähiger Elemente nach den dargestellten Erschöpfungstheorien würden entfallen und die Prüfung entsprechend verschlanken.

Es stellt sich jedoch die Frage, ob dieser Ansatz zu weit geht. In den Fällen, in denen die Ansprüche des Patents nicht abhängig voneinander sind und zusätzliche Merkmale gegenüber den anderen Ansprüchen aufweisen, scheint es unsachgerecht, eine reflexartige Erschöpfung aller Ansprüche anzunehmen, wenn nur ein Anspruch des Patents formell erschöpft wurde. Zwar wird üblicherweise in einem Patent eine Erfindung geschützt, jedoch können die verschiedenen Ansprüche unterschiedliche Facetten dieser Erfindung beinhalten, für die der Erfinder jeweils eine erfinderische Leistung erbracht hat, die eine gesonderte Entlohnung rechtfertigt. Um das zu prüfen, führen die dargestellten Erschöpfungstheorien die Prüfungspunkte der Wesentlichkeit oder der zusätzlichen schutzfähigen Merkmale ein. Wenn nach dieser Prüfung der zusätzliche Anspruch dem erschöpften Anspruch nichts Wesentliches beziehungsweise nichts gesondert Schutzfähiges hinzufügt, ist die Erweiterung der Erschöpfung auf diesen Anspruch gerechtfertigt. Ohne diese Prüfung kann der Schritt jedoch nicht sachgerecht vorgenommen werden. Insofern ist die Ansicht des Gerichts in diesem Punkt als zu weitgehend abzulehnen.

III. Gesamtergebnis internationaler Ausblick

Im Ergebnis ist festzustellen, dass die in dieser Arbeit behandelten Problemfälle auch in dem amerikanischen Patentrechtssystem auftreten. Sie waren dort Gegenstand mehrerer Gerichtsentscheidungen der höchsten amerikanischen Gerichte. Diese haben sich durchgehend gegen eine Anwendung der Lizenzlösung und für eine Ausweitung der Erschöpfung als Lösung entschieden, um die unsachgemäße Doppelverwertung zu vermeiden. Insbesondere in dem Fall Quanta Computer, Inc. vs. LG Electronics, Inc. wurden die Schwachstellen der Lizenzlösung praktisch sichtbar: Durch die entgegenstehende Abrede zwischen LG und ihren Lizenznehmern versagte die konkludente Lizenz, LG konnte sich so unter Anwendung der Lizenzlösung seine Doppelverwertungsmöglichkeit erhalten.

Der Blick in die USA bringt somit weitere Argumente und eine klare Unterstützung für die Vertreter der erweiterten sowie der verwandten vorgelagerten Erschöpfungslösung.

H. Gesamtergebnis dieser Arbeit

In gebotener Kürze zusammengefasst und unter Verweis auf die zahlreichen „Kritik“ und „Ergebnis“ Kapitel soll in dieser Arbeit dafür plädiert werden sowohl bei parallelen Sach- und Systemansprüchen als auch bei parallelen Sach- und Verfahrensansprüchen die Erschöpfungsdogmatik zu erweitern, um die Nachteile des bislang vornehmlich in der Literatur vertretenen Lizenzmodells zu vermeiden.

Die beiden hierzu vorgestellten Theorien – die vorgelagerte und die erweiterte Erschöpfungslehre – unterscheiden sich nur im Fall der parallelen Sach- und Systemansprüche. Während in den Fällen der parallelen Sach- und Verfahrensansprüche die vorgelagerte und die erweiterte Erschöpfungslehre nebeneinander laufen, unterscheiden sie sich bei parallelen Sach- und Verfahrensansprüchen im Prüfungsansatz, kommen jedoch oftmals zu dem gleichen Ergebnis. Die Rechtsfolge beider Ansätze ist gleich: die Erschöpfung wird auf den parallelen Anspruch erweitert. Dieses Ergebnis ist sach- und interessengerecht.

Es führt in Einzelfällen zu gerechteren Ergebnissen und wird deshalb vorliegend als präferierte Lösung befürwortet, wenn die Theorie der vorgelagerten Erschöpfung auf Rechtsfolgenseite im Sinne einer partiellen Erschöpfung angepasst wird, sodass lediglich das Verbietungsrecht des Patentinhabers beschränkt wird, es ihm jedoch offensteht einen Ausgleichsanspruch für die Nutzung seines zusätzlichen Verfahrensanspruchs geltend zu machen.

Literaturverzeichnis

Ahrens, Claus, Gewerblicher Rechtsschutz, 1. Auflage, 2008, Verlag Mohr Siebeck, *Ahrens, Gewerbl. Rechtsschutz*

Ann, Christoph, Kraßer, Rudolf, Patentrecht Lehrbuch zum deutschen und europäischen Patentrecht und Gebrauchsmusterrecht, 7. Auflage, 2016, Verlag C.H. Beck, *Kraßer/Ann, Patentrecht*

Bamberger, Heinz Georg, Roth, Herbert, Hau, Wolfgang, Poseck, Roman, Beck'scher Onlinekommentar Bürgerliches Gesetzbuch, 43. Edition, 2017, *BeckOK-Bearbeiter, BGB*

Bartenbach, Kurt, Patenlizenz- und Know-how-Vertrag, 7. Auflage, 2013, Verlag Dr. Otto Schmidt, *Bartenbach, Patentlizenz*

Beck, Hans Dieter, Der Lizenzvertrag im Verlagswesen, Verlag Beck, 1961, *Beck, Der Lizenzvertrag*

Beier, Friedrich-Karl, Zur Zulässigkeit von Parallelimporten patentierter Erzeugnisse, GRUR Int. 1996, Seite 1 ff.

Benkard, Georg u.a., Patentgesetz, Beck'scher Kurz-Kommentar, 11. Auflage, 2015, Verlag C.H. Beck, *Benkard-Bearbeiter, Patentgesetz*

Bodewig, Theo, Erschöpfung der gewerblichen Schutzrechte und des Urheberrechts in den USA, GRUR Int. 2000, Seite 597 ff.

Büscher, Wolfgang, Dittmer, Stefan, Schiwy, Peter, Gewerblicher Rechtsschutz, Urheberrecht, Medienrecht Kommentar, 3. Auflage, 2015, Verlag Carl Heymanns, *Büscher/Dittmer/Schiwy, Gewerblicher Rechtsschutz*

Busse, Rudolf, Keukenschrijver, Alfred, PatG Patentgesetz Kommentar, 8. Auflage, 2016, Verlag De Gruyter, *Busse/Keukenschrijver-Bearbeiter, Patentgesetz*

Dammler, Markus, Melullis, Klaus-Jürgen, Störung in der patentrechtlichen Lizenzkette Folgen für die Unterlizenz im Patentrecht, GRUR 2013, Seite 781 ff.

Dreier, Thomas, Schulze, Gernot, Urheberrechtsgesetz: UrhG Urheberrechtswahrnehmungsgesetz, Kunsturhebergesetz Kommentar, 5. Auflage, 2015, Verlag C.H. Beck, *Dreier/Schulze-Bearbeiter, UrhG*

Dreyer, Gunda, Kotthoff, Jost, Meckel, Astrid, Urheberrecht Urheberrechtsgesetz, Urheberrechtswahrnehmungsgesetz, Kunsturhebergesetz, 3. Auflage, 2013, Verlag C.F. Müller, *Dreyer/Kotthoff/Meckel-Bearbeiter, UrhR*

Europäische Kommission, MITTEILUNG DER KOMMISSION, Zusammenfassung des Berichts über die Untersuchung des Arzneimittelsektors, abrufbar unter http://ec.europa.eu/competition/sectors/pharmaceuticals/inquiry/communication_de.pdf (abgerufen am 07.01.2018)

Fitzner, Uwe, Lutz, Raimund, Bodewig, Theo, Patentrechtskommentar PatG, GebrMG, IntPatÜG, PCT und EPÜ mit Nebenvorschriften, 4. Auflage, 2012, Verlag Vahlen, *Fitzner-Bearbeiter, Patentrecht*

Fitzner, Uwe, Lutz, Raimund, Bodewig, Theo, BeckOK Patentrecht, 6. Auflage, 2017, Verlag C.H. Beck, *BeckOK-Bearbeiter, Patentrecht*

Friedl, Gunther, Ann, Christoph, Entgeltberechnung für FRAND-Lizenzen an standardessentiellen Patenten, GRUR 2014, Seite 948 ff.

Fromm, Friedrich Karl, Nordemann, Wilhelm, Nordemann, Axel, Nordemann, Jan Bernd, Urheberrecht Kommentar zum Urheberrechtsgesetz, zum Verlagsgesetz und zum Urheberrechtswahrnehmungsgesetz, 11. Auflage, 2014, Verlag Kohlhammer, *Fromm/Nordemann-Bearbeiter, UrhR*

Haberstumpf, Helmut, Festschrift für Heinrich Hubmann zum 70. Geburtstag Verlag Metzner, 1985, *Haberstumpf, FS Hubmann*

Haedicke, Maximilian, Patentrecht, 3. Auflage, 2015, Verlag Carl Heymanns, *Haedicke, Patentrecht*

Haedicke, Maximilian, Dingliche Wirkungen und Insolvenzfestigkeit von Patentlizenzen in der Insolvenzkette, ZGE 2011, Seite 377 ff.

Haedicke, Maximilian, Schutzbereich und mittelbare Patentverletzung bei Verwendungsansprüchen, Mitteilungen der deutschen Patentanwälte, 2004, Seite 145 ff., *Haedicke, Mitt. 2004*

Haft, Klaus, Von Samson-Himmelstjerna, Friedrich R., Festschrift für Thomas Reimann zum 65. Geburtstag, Herausgegeben von Christian Osterrieth, Martin Köhler, Klaus Haft, Verlag Carl Heymanns, 2009, *Haft/von Samson-Himmelstjerna, FS Reimann*

Ilzhöfer, Volker, Engels, Rainer, Patent-, Marken- und Urheberrecht, Leitfaden für Ausbildung und Praxis, 9. Auflage, 2015, Verlag Vahlen, *Ilzhöfer, Patentrecht*

Immenga, Ulrich, Mestmäcker, Ernst-Joachim, Wettbewerbsrecht, 5. Auflage, 2014, Verlag C.H. Beck, *Immenga/Mestmäcker-Bearbeiter, Wettbewerbsrecht*

Ingerl, Reinhard, Rohnke, Christian, Markengesetz: MarkenG, Gesetz über den Schutz von Marken und sonstigen Kennzeichen, 3. Auflage, 2010, Verlag C.H. Beck, *Ingerl/Rohnke, MarkenG*

Jestaedt, Bernard, Patentrecht – Ein fallbezogenes Lehrbuch, 2. Auflage, 2008, Verlag Carl Heymanns, *Jestaedt, Patentrecht*

Karow, Lutz, Die Rechtsstellung des Subverlegers im Musikverlagswesen, Universität München, 1970, *Karow, Die Rechtsstellung des Subverlegers*

Kohler, Josef, Handbuch des deutschen Patentrechts in rechtsvergleichender Darstellung, Verlag J. Bensheimer, Mannheim, 1900, *Kohler, Handbuch des Patentrechts*

König, Reimar, Mittelbare Patentverletzung, Mitteilungen der deutschen Patentanwälte 2000, Seite 10 ff., *König, Mitt. 2000*

König, Reimar, Die Rechtsnatur der Patenterteilung und ihre Bedeutung für die Auslegung von Patentansprüchen, GRUR 1999, Seite 809 ff.

Kühnen, Thomas, Handbuch der Patentverletzung, 9. Auflage, 2017, Verlag Carl Heymanns, *Kühnen, Patentverletzung*

Kur, Annette, von Bomhard, Verena, Albrecht, Friedrich, BeckOK Markenrecht Kommentar, 11. Auflage, 2017, Verlag C.H. Beck, *BeckOK-Bearbeiter, MarkenR*

Lange, Hans Peter, Der Lizenzvertrag im Verlagswesen, Verlag Stämpfli, 1979, *Lange, Der Lizenzvertrag*

Loewenheim, Ulrich, Handbuch des Urheberrechts, 2. Auflage, 2010, Verlag C.H. Beck, *Loewenheim-Bearbeiter, Hdb. d. UrheberR*

Loewenheim, Ulrich, Nationale und internationale Erschöpfung von Schutzrechten im Wandel der Zeiten, GRUR Int. 1996, Seite 307 ff.

Loewenheim, Ulrich, Messen, Karl M., Riesenkampff, Alexander, Kersting, Christian, Meyer-Lindemann, Hans Jürgen, Kartellrecht Kommentar, 3. Auflage, 2016, Verlag C.H. Beck, *Loewenheim-Bearbeiter, Kartellrecht*

Mes, Peter, Patentgesetz, Gebrauchsmustergesetz Kommentar, 4. Auflage, 2015, Verlag C.H. Beck, *Mes, Patentgesetz*

Mes, Peter, Der Anspruch auf das Patent – ein Rechtsschutzanspruch? GRUR 2001, Seite 584 ff.

Möhring, Philipp, Nicolini, Käte, Urheberrecht: UrhG, UrhG, KUG, UrhWahrnG, VerlG Kommentar, Verlag C.H. Beck, 3. Auflage, 2014, *Möhring/Nicolini-Bearbeiter, UrhG*

Nieder, Michael, Die Patentverletzung Materielles Recht und Verfahren, 1. Auflage, 2004, Verlag C.H. Beck, *Nieder, Patentverletzung*

Ohly, Ansgar, Klippel, Diethelm, Geistiges Eigentum und Gemeinfreiheit, 1. Auflage, 2007, Verlag Mohr Siebeck, *Ohly/Klippel-Bearbeiter, Geistiges Eigentum*

Osterrieth, Christian, Patentrecht Eine praxisnahe Einführung in das moderne Patent- und Gebrauchsmusterrecht, 5. Auflage, 2015, Verlag C.H. Beck, *Osterrieth, Patentrecht*

Pitz, Johann, Patentverletzungsverfahren, Grundlagen – Praxis – Strategie, 2. Auflage, 2010, Verlag C.H. Beck, *Pitz, Patentverletzung*

Prütting, Hanns, Wegen, Gehard, Weinrich, Gerd, Bürgerliches Gesetzbuch Kommentar, 12. Auflage, 2017, Verlag Luchterhand, *Prütting-Bearbeiter, BGB*

Reimer, Ernst, Patentgesetz und Gebrauchsmustergesetz, Systematischer Kommentar, 3. Auflage, 1968, Verlag Carl Heymanns, *Reimer, Patentgesetz*

Säcker, Franz Jürgen, Rixecker, Roland, Oetker, Hartmut, Limperg, Bettina, Münchener Kommentar zum Bürgerlichen Gesetzbuch, 7. Auflage, 2015, Verlag C.H. Beck, *MüKo-Bearbeiter, BGB*

Schack, Haimo, Urheber- und Urhebervertragsrecht, 8. Auflage, 2017, Verlag Mohr Siebeck, *Schack, UrheberR*

Schatz, Ulrich, Die Erschöpfung des Patentrechts im Recht der Mitgliedstaaten der Europäischen Wirtschaftsgemeinschaft und nach dem Vorentwurf eines Übereinkommens über ein europäisches Patent für den Gemeinsamen Markt, GRUR Int. 1970, Seite 207 ff.

Schechter, Roger, Thomas, John, Principles of Patent Law (Concise Hornbook Series), West Academic, 2007, *Schechter/Thomas, Patent Law*

Schönbohm, Julia, Ehlgen, Bolko, Zum Umfang der Erschöpfung bei System- und Verfahrensansprüchen, Mitteilungen der deutschen Patentanwälte 2016, Seite 104 ff., *Schönbohm/Ehlgen, Mitt. 2016*

Schricker, Gerhard, Rückfall weiterübertragener Nutzungsrechte bei Rücktritt vom Erstvertrag keine Geltung des Abstraktionsprinzips/„Sesamstraße", EWiR 1999, Seite 275 ff.

Schricker, Gerhard, Loewenheim, Ulrich, Urheberrecht UrhG, KUG (Auszug), UrhWG Kommentar, 5. Auflage, 2017, Verlag C.H. Beck, *Schricker/Loewenheim, UrhR*

Schulte, Rainer, Patentgesetz mit Europäischem Patentübereinkommen: PatG mit EPÜ, 9. Auflage, 2014, Verlag Carl Heymanns, *Schulte-Bearbeiter, Patentgesetz*

Schulze, Reiner, Bürgerliches Gesetzbuch, Handkommentar, 9. Auflage, 2017, Verlag Nomos, *Schulze-Bearbeiter, BGB*

Schwarz, Mathias, Klingner, Norbert, Rechtsfolgen der Beendigung von Filmlizenzverträgen – zugleich eine Erwiderung auf Wente/Härle, GRUR 1997, Seite 96 ff, GRUR 1998, Seite 103 ff.

Sieger, Ferdinand, Sukzessionsschutz im Urheberrecht Fortbestand des Taschenbuch-Lizenzrechts bei Beendigung des Hauptrechts seines Lizenzgebers, FuR 1983, Seite 580 ff.

Spindler, Gerald, Schuster, Fabian, Recht der elektronischen Medien Kommentar, 3. Auflage 2015, Verlag C.H. Beck, *Spindler/Schuster, Recht der elektronischen Medien*

von Hase, Andreas, Der Musikverlagsvertrag, Verlag Beck, 1961

Von Meibom, Wolfgang, Meyer, Matthias F., Festschrift für Peter Mes zum 65. Geburtstag, Herausgegeben von Michael Bergermann, Gereon Rother, Axel Verhauwen, Verlag C.H. Beck, 2009, *Von Meibom/Meyer, FS Mes*

Wandtke, Artur-Axel, Heimfall weiterübertragener Nutzungsrechte sofort bei Rücktritt vom Erstvertrag/„Sesamstraße", EWiR 2001, 643 ff.

Wandtke, Artur-Axel, Bullinger, Winfried, Praxiskommentar zum Urheberrecht: UrhR, UrhG, KUG, VGG, 4. Auflage, 2014, Verlag C.H. Beck, *Wandtke/Bullinger, UrhR*

Wohlfarth, Cornelia, Das Taschenbuchrecht – seine Entstehung und das Problem der Fortgeltung des Taschenbuch-Lizenzrechts bei Beendigung des Stammrechts des Lizenzgebers, 1991, Verlag Peter Lang, *Wohlfarth, Das TaschenbuchR*

www.ingramcontent.com/pod-product-compliance
Ingram Content Group UK Ltd.
Pitfield, Milton Keynes, MK11 3LW, UK
UKHW021940290926
8980IPUK00016B/1724

9 783631 791974